水南老人講話「宮本武蔵」

楠正位と大日本武徳会

装丁　浅田　博
カバー　武徳殿
撮影　徳江正之

水南老人講話「宮本武蔵」／目次

水南老人講話「宮本武蔵」／目次

楠正位と大日本武徳会

堂本昭彦

楠正位

『武徳会誌』で宮本武蔵に関する講話を発表してきた水南老人とは、大日本武徳会の創立にかかわってながく常議員（のち商議員）をつとめた楠正位のことである。楠は水南（斎）と号した。

楠正位はもと尾張（名古屋）藩士。天保十五年（一八四四）九月十四日、三河国碧海郡高岡村字駒場に生まれている。この年は十二月二日、改元されて弘化元年になった。父の名が『水南老人講話宮本武蔵』の中にでてくる。父は正福《まさとみ》といい、石巻我心流深田左兵衛について剣術を学んだ。

楠正位は尾張藩にあって勤皇のために働いた。講話の中で「十七歳より二十四歳までのあいだにかずかず白刃のもとをくぐった。こういうとなにか誇るようであるが、時勢にともなう行動が余儀なくさせたのである（略）。幕府の捕吏に取り囲まれたり、佐幕党の襲撃に遇ったりしたので、白刃を冒す場合はいつも相手は多勢であった」と、述懐している。隠岐にかくまわれていた勤王同志二人を、出雲の三保ケ崎から十二梃櫓の早船で迎えにいくくだりがある。

楠正位が講話の中で亡友として名前をあげ、その体験を紹介している原不二夫は、尾張藩の藩校明倫堂の剣術師範天自流原彦四郎の子で、かれもまた、剣術の名手として知られた。嘉永元年（一八四八）の生まれ。父に剣術を学んで天自流の奥義を究めたかれは、文久元年（一八六一）名古屋城中撃剣師範役に挙げられて、藩主の嗣子元千代に教授した。

明治元年三月、熱田神宮御守衛剣隊取り締まり兼神宮奉行助役となったあと、明倫堂剣術助教を命じられた。廃藩後は名古屋でおこなわれた撃剣興行に名があらわれ、かれ自身が幹事の一人であった撃剣大会（年代は不明）では、番付右翼、大関真貝乕雄（忠篤）についで関脇の位置を占めている。

明治二十八年四月、京都に大日本武徳会が創立され、同年十月、第一回武徳祭大演武会が開催された。原不二夫は委嘱されて審判をつとめ、みずからも試合に出場した。「其術ノ精錬ナルヲ証ス」として、第一回精錬証を授与された剣士十五人に加えられている。明治四十二年六月、剣道教士となった。

楠正位はこのような剣術の名手を友人に持っていたが、かれ自身の剣術伎倆がどの程度のものであったか、それはよくわからない。勤皇に働いてしばしば白刃にさらされたとはいえ、「もとより一介の白面書生、剣術は拙劣であり、割鶏の力もなし、みずから求めて決闘したことなどは皆無である」と、かれは告白している。これはたぶん謙遜ではなかろう。

志をとげるためつねに逃げることを心がけた楠正位は、さいわいからだに少しの傷跡をのこすだけで幕末維新の動乱を生きのび、明治三年十月、名古藩少属となった。明治四年八月には名古県大属、楠正位が、明治維新後の廃藩置県では名古屋藩財政の整理にたずさわって功績があった、とされるのはこの頃のことであろう。同年十二月には額田権典事というものになっているが、翌年十月には依頼免官になった。

楠正位が司法省九等出仕として司法の世界に足を踏み入れたのは、明治六年二月であった。三十歳。人生の方向を転換するには早くない年齢である。かれはこのあと、一貫して司法の世界を歩みつづけることになる。司法権大解部、少法官、大審院大属を経て、長崎裁判所判事となったのは、明治八年十月であった。

以後、広島裁判所検事、同控訴裁判所検事長、東京控訴院詰、大審院詰、甲府始審裁判所詰、同検事正などを歴任し、明治二十六年五月、京都地方裁判所検事正として赴任した。楠正位はこうして大日本武徳会設立の気運に遭遇することになる。おりしも風薫る季節、かれが京都に赴任したとき、この盆地のまちでは、誘致に成功した第四回内国勧業博覧会の話題がさかんであった。

大日本武徳会設立の発端は、第四回内国勧業博覧会の開催にある。

大日本武徳会の発端

明治三十九年六月二十五日に第一篇第一号を発行した『武徳誌』(毎月一回)の第一号~第四号に、大日本武徳会創立の事情や経過を、同会常議員の鳥海弘毅が口述している。かれこそ大日本武徳会の発端となった人物であった。

明治二十八年四月から開催される第四回内国勧業博覧会の誘致をめぐって、東京、大阪、京都の三市がはげしく争い、結局、京都市が開催の権利を獲得することになったが、それというのも明治二十八年がたまたま桓武天皇の平安遷都から千百年目にあたることを理由に、かつての大極殿を二分の一に縮小して再建し、記念大祭の執行と合わせて殿前で博覧会を開催したい、という京都の主張が政府を動かしたためであった。

大極殿は岡崎の地に建立されることが決定し、明治二十六年九月三日に地鎮祭がおこなわれるはこびになった。ある日、鳥海弘毅は京都府庁の食堂で、きたる地鎮祭には、京都じゅうのひとびとがこぞって衣裳に華美を凝らし、七日七夜、芸妓や娼妓を中心に市中を踊りまわる余興の計画がある、と雑談に聞いた。

鳥海弘毅は羽後亀田藩士加藤権九郎の長男として生まれている。戊辰戦争では足軽警固士として県境三崎口に出陣した。明治三年大学南校に学んだが、中途で退学している。神田一ツ橋の旧開成所跡にあった大学南校は、のちに東京開成学校と称した。東京大学の前身である。大学南校を中途退学した鳥海弘毅は、明治六年大蔵省租税課に出仕し、各地の収税長を歴任したあと、明治二十三年からは京都府の収税長をつとめていた。

桓武天皇は武術を奨励した天皇として知られる。にもかかわらず、かくのごとき卑猥の余興をもって神霊をなぐさめようとはいかなる所存か。この余興に断固として反対をとなえた鳥海弘毅は、大極殿の地鎮祭には全国から知名の武術家を京都に集め、盛大な演武会を催して神霊をなぐさめるとともに、これを機会に退廃した武士道の回復をはかる、という計画を提案した。

ひとびとは、この提案に冷淡で、かれの説得を無視した。かれはしだいに孤立していく自分を感じた。すでに二、三か月がたつ。地鎮祭は日一日とせまってくる。絶望の悲境（と鳥海は述べている）に陥ったかれは、ふと思い立って、摂州伊丹の富豪、清酒白雪の小西新右衛門をたずねた。

小西家の当主は代々新右衛門を名のっているが、この頃は第十一代業茂である。業茂は能舞台をあわせそなえた道場修武館を自邸に持ち、専門教師をおいて稽古を一般に開放していた。剣術教師には成富赫治、増村正勝、槍術教師には藤井貞臣。かの富山円を教頭に迎えるのは明治二十六年十月で、もう少しさきのことである。

小西新右衛門はたまたま剣術の稽古が終わったところで、稽古着のまま快く応対してくれた。もはやかれ自身が、剣術家、といっていい。鳥海弘毅が演武会開催の計画を語ると、小西新右衛門は、

「応分の費用を負担しよう。全力で応援するから、屈せずにやりとおしなさい」

と、いった。

小西新右衛門の激励にもかかわらず、鳥海弘毅の計画は周囲の強硬な反対に出会って、結局、挫折した。時機の到来を待とう、と、かれは自分にいいきかせた。

(さらに地位ある有力者を推して創立者に戴き、慎重に画策して、まさにきたらんとする二十八年の桓武天皇奠都《てんと》千百年の記念大祭を待ち、大極殿のまんなかでわが国固有の各種武術を演じて博覧会を圧倒し、会衆の耳目をおどろかそう。かくて武道再興の基礎を立て、武徳を涵養して時弊を矯正し、世界に卓絶するわが国粋を発展させるのだ。これこそ最大の事業というべきで、この事業を成功させることは人生の快事である)

だが、はたしてその日がくるのであろうか。地鎮祭の余興は当初のプランどおりにすすめられ、京都は明治二十六年九月三日から七日七夜、絃歌と奇装でひとびとが踊りとおすという猥雑の巷と化した。

明治二十七年八月一日、日清戦争勃発。日本の連戦連勝と報じられ、勝った勝ったまた勝った、と

号外の鈴がまちを走りぬけた。この日頃、天皇は広島大本営にある。この年十一月二日、広島仮議事堂で開催された戦捷祝賀会では、近畿・中国・九州・四国から選抜された剣客二十六名によって、撃剣大会が天覧に供された。全国に尚武の気運がたかまっている。

明治二十八年二月十日夜のこと、鳥海弘毅のもとに、突然、丹羽圭介と佐々熊太郎がたずねてきた。二人は鳥海をしのぐ熱心な武道再興論者であった。丹羽と佐々は、武術教育によって青少年の精神を鍛錬する必要があること、これを実現するための団体を組織する必要があることを説いた。鳥海はむろん賛成であった。

「京都を中心として武道再興の旗幟《きし》をひるがえし、天下に広く同感の士を求めようではありませぬか。戦勝のいまこそ好機です。ただちに創立の準備にかかりましょう」

かれらは徹夜で語りあった結果、発起人総代に京都府知事渡辺千秋を推すことにきめ、翌朝さっそく知事をたずねた。二、三日後、承諾する旨の回答があった。発起人総代渡辺千秋（知事）・壬生基修（伯爵。平安神宮宮司）、発起人飯田新七（呉服商。のち高島屋社長）・丹羽圭介（有力者）・鳥海弘毅（収税長）・田中貴道（警部長）・佐々熊太郎（上京または中立売警察署長）、さらに辻重義（第十一銀行頭取）、有川貞清（私塾経営）が発起人に加わって、団体創立の準備にかかった。団体名は大日本武徳会にきまった。

事業はあわただしく展開している。かれらは多方面に働きかけてにわかに発起人を増やした。四月三日、河原町共楽会館で発起人会。四月十七日、待賓倶楽部で設立発起人総会。発起人は六十名をかぞえた。この中に、京都地方裁判所検事正楠正位、がいる。席上、「大日本武徳会設立趣旨及規則」がきめられ、会長に渡辺千秋、副会長に壬生基修が選ばれた。

かくして大日本武徳会が発足した。日清戦争講和条約の日である。

存在した武徳会のモデル

全国組織をめざす大日本武徳会は、武徳殿（演武場）の設立、武徳祭と演武大会の開催、武芸の講習、武器の収集、武芸史の出版、機関誌（武徳誌）の刊行などを事業目的にし、広く会員を募って、その会費と有志の寄付で運営することにした。

鳥海弘毅がとなえた当初の企画は、大極殿の地鎮祭にともなう祝賀行事の一つとして、全国の有名武術家を一堂に招き演武大会を開くというもので、かれの発想は一時的なイベント開催の段階をこえていない。あとで大日本武徳会と命名される永続的な全国組織の設立を構想として持っていたのは丹羽圭介と佐々熊太郎である。かれらはいつ、どこで、だれからこの構想を得たのであろう。

大日本武徳会にはモデルがあったと思われる。一つは「剣槍柔術永続社」（東京）、一つは「生徳社」（亀岡）である。

剣槍柔術永続社は、わが国古来の剣術、槍術、柔術が衰微するのを憂慮してくわだてられたもので、広く全国から目標十万人の会員を募集し、道場の設立、専属教師の委嘱、武術講習の実施、演武大会の開催などをおこなう構想であった。社長鷲尾隆聚はもと勤皇公家でいま元老院議官、華族撃剣家として知られている。副社長中山信安はもと茨城県権令。賛成として山岡鉄舟が名を連ねた。

明治十七年八月二十三日、鷲尾の道場明鏡館で発足した剣槍柔術永続社は、まもなく華族会館付属の撃剣場養勇館の払い下げに成功し、同年十七年十一月十五日、はなばなしく開場式をおこなった。加入者ははやくも三万人をこえている。剣術教授は吉田武士郎、松崎浪四郎、榊原鍵吉、土井利治、小栗篤三郎、池田松男、鈴木清之助、菊池為之助、三浦滝蔵、山田八郎。槍術教授は佐々木千太郎、成毛敬重。柔術教授は戸塚彦助、吉田直蔵、久富鉄太郎、市川大八。

だが、剣槍柔術永続社の衰微は意外に早かった。翌十八年七月十八日、済寧館御用掛松崎浪四郎が脚気を理由に休暇願を届けでた（十月二十日、御用掛を免ぜられる）。明治撃剣史上有名な松崎浪四郎は、山岡鉄舟の斡旋で剣槍柔術永続社の創立に参加し、いわば事務局長のようなかたちで運営に関与してきた。同年八月三日、社長鷲尾隆聚が肺病を理由に箱根で療養生活に入った。やがて、剣槍柔術永続社は自然消滅した。破綻の原因は資金の枯渇にあったと思われる。

故郷久留米にもどったあと、福岡県書記兼看守副長をつとめていた松崎浪四郎は、明治二十年十二月六日、依願によって職を離れ京都にでた。かれが京都府警察本部雇を命ぜられ、巡査教習所武術教師となったのは、明治二十一年一月四日である。二十二年四月一日には上京警察署の武術教師を嘱託された。

明治二十九年九月二十八日と二十九日の両日、『読売新聞』は「剣客松崎浪四郎氏の伝」を掲載した。

記事は「平安記念大極殿の建つや故例大極殿は宮城内にありて朝廷武技を講ぜらるるの所なり。依て武徳殿を再建せん事を計る。爾後《じご》益々進んで今日の盛況を見るに至れり」と紹介している。

これは「松崎浪四郎先生履歴書」に拠って書かれているが、履歴書のほうには「依テ佐々熊太郎氏ト武徳殿ヲ再建セン事ヲ計ル」と、かつて上京警察署長であったという佐々熊太郎の名があらわれている。佐々熊太郎が提案した大日本武徳会の概念図は、剣槍柔術永続社の創立と運営にかかわった松崎浪四郎が描いたとしてよいであろう。はたして『大日本武徳会沿革』に「創始ノ際ハ当時著名ノ剣豪松崎浪四郎氏ガ書記トシテ会務ニ従事スル」とある。

明治十八年五月、京都府亀岡に生徳社という結社が創立された。これは松平信正（旧藩主）、長沢重遠、及川広愛（のち大日本武徳会弓道範士。雪荷流）、藤木保愛（出雲神社宮司）、坂部孫三郎、若林弘太郎、天岡厚見、前田定行、下河原一窪（天道流兵法十三代）、美田村顕教（のち大日本武徳会薙刀術教授。天道流十四代）らが南桑田郡の有力者九十四名を糾合して設立したもので、亀岡上矢田鍬山神社拝殿に約二百名が会して結社式を挙げた。

生徳社は社則の第一条に「尊皇愛国」をうたっている。全体として復古主義の匂いがつよい。美田村顕教の死後編まれた『追遠』にも「維新以来欧米諸国ノ文物風俗入ル来ルニ当リ、只管《ひたすら》ニ之ニ泥酔シテ我国ノ精華タル国体ノ尊キサエ自然忘却スルノ傾向ヲ生ジ来リ、随ッテ我ガ固有ノ大和魂武士道モ落日ノ悲況ニ到ラントスルヲ慨シ……」生徳社創立のはこびになったとある。

生徳社は皇室研究、文学（国学・漢学）、武術、諸礼式（作法、茶道、華道）、殖産などを事業目的とし、一般子弟の教育、武術の振興、養蚕の奨励などにちからを注いだ。亀岡の形原神社社務所に仮本部をおいて活動してきた生徳社は、明治二十二年一月、形原神社東隣りに社屋（演武場）を建て、同月二十七日と二十八日の両日、偃修館《えんしゅうかん》と命名した演武場の開場式と武術大会をおこなった。

いま、その式次第と大会内容がわかるが、来会者五百余名、社員一千余名、出場剣客二百五十余名、旧亀岡藩に伝承された各種武術の形が流派別に演武されたほか、撃剣試合や異種試合がくりひろげられた。地もとはもちろん、京都、園部、福知山から剣客がつめかけており、小関教政、桂直温、林精一郎、森薫一、中原仲、山田教之、池田逸太、矢野経徳らの名が見える。松崎浪四郎、垪和《はが》憑和、小関教道、太田弥竜、井沢守正が審判と試合をした。さきにも述べたように、松崎浪四郎は明治二十一年一月四日京都府警察本部傭を命じられ、巡査の撃剣指導にあたっている。

生徳社については、京都府立総合資料館が所蔵している及川家文書を見るのがよい。生徳社の社員は最高一千五百名に達し、その分布も東京、京都、滋賀、大阪、香川、岡山、福岡、鹿児島と、広域にわたった。かの松崎浪四郎も社員として名を連ねている。

明治三十六年五月、亀岡に武徳会支部が設立されると、生徳社（の武道部）はこれに合併した。この頃、生徳社総長をつとめていた及川広愛が同年十月に退社届をだしており、このときをもって生徳社は終わったとみていい。『追遠』の美田村顕教年譜は「実ニ生徳社ナルモノコソ武徳会ノ嚆矢ト云フモ過言ニアラザルベシ」と記し、『及川広愛伝』は「かくして将に滅びんとしつつあるに少しも世に顧みられなかった古武術をして今日の隆盛あらしめ、又更に武徳会創立の礎石たらしむるに至った功績は実に大なりとせねばならぬ」と述べている。

偃修館の額は、いま、亀岡小学校にある。

第一回武徳祭大演武会

第四回内国勧業博覧会を成功させた京都は、つづいて「平安遷都千百年紀念祭」を開催した。明治二十八年十月二十二日、二十三日、二十四日の三日間、平安神宮で祭式が執行され、そのあとも十一月中旬までの祭期中、時代祭の行列をはじめ、社寺宝物の公開、美術展覧会、品評会、青年絵画共進会、祇園の都踊り、先斗町《ぽんと》の温習会……など各種行事があいついだ。

大日本武徳会は十月二十五日、第一回武徳祭を平安神宮でおこなったあと、二十六日、二十七日、二十八日の三日間、旧勧業博覧会工業館に設けた仮演武場を主なる会場として、大会を催すことにした。武徳会会員で試合出場を希望する者は、住所・氏名・武術の種類・流儀名を記入した申し込み書を、二十二日までに大日本武徳会事務所（京都市上京区丸太町通富小路角）に提出することになっていた。

二十五日平安神宮で武徳祭。二十六日撃剣（旧工業館内仮演武場）、競馬（旧農林館北馬場）。二十七日射的（日吉山射的場）、柔術・弓術（旧工業館内仮演武場と旧農林館北射場）。二十八日射的（日吉山射的場)、薙刀・槍術・鎖鎌・棒術(旧工業館内仮演武場)。

いよいよ武徳祭を明日にひかえた二十四日、大日本武徳会事務所につめた楠正位は、岡田透、有川貞清らの大会委員とともに、直前の準備に追われていた。全国各地からぞくぞくと入京してくる武術家たちを、あらかじめ割り当てておいた旅館へ案内するのに、旅館掛はてんてこ舞いをしていた。警察部では演武委員が集合して、剣客の試合組み合わせを決定するのに、頭をかかえていた。

二十五日、大日本武徳会は午前十時から平安神宮龍尾壇上で武徳祭を執行した。参拝者は、加太《かぶと》京都地方裁判所所長、楠同検事正、本部京都府書記官、田中同警部長、大槻京都大隊区司令官、京都在住陸軍将校、その他武徳会役員および各地方の武術家ら三百余名で、式が終わったのは十一時であった。当日、参列者の服装はフロックコート、羽織袴、もしくは制服(警察、軍隊)とされた。

京都酒造組合は「武徳」と銘した清酒十挺を奉納し、京都米穀取引所仲買人は白米三十六俵を寄付した。この日、京都は時代祭の行列でにぎわっている。

大日本武徳会の演武会は、二十六日、もと勧業博覧会会場の旧工業館で開会した。午前九時三十分、来賓、同会役員、会員一同が仮武徳殿前に集合したところで、総裁小松宮彰仁親王の気分がすぐれないため台臨がかなわなくなったことを幹事楠正位が参会者に披露し、うやうやしく令旨を奉読した。つぎに副会長壬生基修が答詞を朗読した。これで、式が終わった。

このあと、演武場で各流剣客が形を演じ、ひきつづき四か所(第一号~第四号試合場)にわかれ、それぞれ審判員をおいて剣術試合をおこなった。正午までに三割がたの試合を消化し、昼食をはさんで、午後も数十番の試合を実施した。

会場には篤志の会員によって提供された山岡鉄舟の肖像が掲げられた。この大会には香川善次郎、小南易知、中島春海といった鉄舟の高弟たちが出場しているが、この場合、篤志の会員はかつて鉄舟に随身し剣槍柔術永続社のために働いた松崎浪四郎であったとしたい。

この日の来賓は、本願寺新門主大谷光瑞、五条貴族院議員、石原代議士、その他京都在住貴族、近府県高等官ら百名あまりで、外国人では英国一等領事、仏国領事、そして武官らが夫人同伴で数十名参観した。

武徳会の会員で来会した者は二千余名で、場内の両側（南北）で見学した。武徳会では演武会の参観を会員に限るとしたが、大会開催中の三日間、便宜をはかって会場入口付近に入会申し込み所を設置し、当日の入会も可としたところ、初日だけでも百余名の申し込みがあった。

全国から参集した武術家は九百八十九名、このうち剣術試合の出演者は三百二十名であった。勝者には中央に「武徳」の二字がある土器一個が賞品として授けられた。また、剣術試合三百二十名のうち十五名に、演武衆中ニ就テ其術ノ精錬ナルヲ証ス、として剣術精錬証状が与えられた。

すなわち――

一刀流石山孫六（高知）、天自流原不二夫（愛知）、直心影流奥村左近太（岡山）、聖徳太子流吉田勝美（福島）、神道無念流根岸信五郎（東京）、神蔭流松崎浪四郎（京都）、無刀流小南易知（広島）、武蔵流三橋鑑一郎（東京）、直心影流萩原太郎（神奈川）、直心影流得能関四郎（東京）、無刀流香川善次郎（三重）、直心影流高山峰三郎（大阪）、神蔭流梅崎弥一郎（福岡）、小野派一刀流間宮鉄太（次）郎（静岡）、直心影流阿部守衛（岡山）。

三日間にわたった大会が終わって、十月二十八日午後六時から旧水産館に設けられた宴会場で夜会が催された。演武会に出場した武術家があまねく招かれている。副会長壬生基修に代わって幹事岡田透が壇上に立ち、万歳三唱、全員これに和した。宴ようやく酣《たけなわ》となった。陸軍軍楽隊が勇壮活発な音楽を演奏した。黄白二種の菊で飾った銘酒「武徳」の大酒樽が宴会場の両側にずらりと並び、係の若者たちが瓶子《へいじ》を執って奔走した。宴が終わったのは午後十一時であった。

平安神宮奉額

さて、第一回武徳祭大演武会の剣術試合には、明治撃剣史上有名な松崎浪四郎、高山峰三郎、奥村左近太、得能関四郎、三橋鑑一郎、根岸信五郎……らのほか、石山孫六、萩原太郎、間宮鉄次郎、今福真明、小関教道、近藤義九郎……ら異色の経歴を持つ剣客が出場して試合をした。

石山孫六は嘉永年間から江戸ですでに知られ、土佐藩に召し抱えられて剣術指南役をつとめた人物。萩原太郎は東海道保土ヶ谷宿と戸塚宿のなかば、剣術に堪能なもと平戸代官で、東海道筋にあるかれの道場を諸国の剣客がたずねているが、その中には天然理心流近藤勇もいるという人物。間宮鉄次郎はもと幕府講武所剣術教授方で、幕府瓦解とともに幕臣をひきつれ、遠州三方原に入植した人物。今福真明は文久三年二月、浪士組五番隊小頭として京都に赴き、江戸に帰還して新徴組肝煎役をつとめた人物。

小関教道は京都府知事槇村正直の撃剣稽古禁止に反発して公然と稽古をつづけたため逮捕され、二条城に六か月以上も檻禁された人物。近藤義九郎は尾張に根を張った博徒北熊一家の二代目。戊辰戦争では父実左衛門が率いる博徒部隊集義二番隊に加わって戦功をあげ、帰還するや藩校明倫堂で剣術を教授した人物。

剣術試合には、このほかにも永井定楠（和歌山）、吉留桂（福岡）、太田弥竜（京都）、納富教雄（佐賀）、富山円（伊丹）、日比野賢吉（愛知）、上村信夫（新潟）、上田光重（大分）、矢野勝治郎（京都）、中島春海（熊本）、奥平鉄吉（群馬）、高野佐三郎（埼玉）、小沢一郎（茨城）、内藤高治（東京）、小関教政（京都）など、古豪、中堅、新鋭がひしひしと出場した。

これらのことがいまただちにわかるのは、第一回武徳祭大演武会剣術之部出場者氏名と試合組み合わせ……などを記した奉額が京都の平安神宮に保管されているからである。堂本昭彦・石神卓馬がはじめてこの奉額を調査したのは平成二年十二月十四日のことで、平安神宮禰宜《ねぎ》寺田和成氏のお世話による。奉額が戦後世にあらわれたのは、このときが最初であろう。目測ながら縦二メートル横三メートルはあろうかと思われ、その大きさにおどろいた。

奉額には出場者名と試合組み合わせのほか大日本武徳会設立趣旨、楠正位をふくむ評議員氏名、地方委員氏名、各府県剣師氏名が記されている。この奇特な願主は、香川県阿野郡羽床村鞍馬流三十八世高峰軒笹島辰三郎源義近と名のる人物で、笹島辰三郎ならば出場者の中に名前があるが、なるほどそうであろう、わが鞍馬流の来歴、一族名簿、門人名簿、はては丸亀十二連隊隊員名までが怠りなく記されている。

奉額の目的はじつのところ笹島一門のデモンストレーションにあったと思われるが、だからといってこの奉額の史料的価値が減じるものではない。願主は明治二十九年十一月吉日平安神宮にこの額を奉納した。それにしても、鞍馬流第三十八世高峰軒笹島辰三郎源義近とは、いったい何者か。香川県阿野郡羽床村は、現在、綾歌郡綾南町羽床下になっている。たずねてみようではないか。

讃岐平野の水不足はむかしから深刻をきわめた。月が照っても水が枯れた。干魃《かんばつ》にそなえて用水池が掘られ用水路が開かれたが、水の配分をめぐってトラブルが生まれ、農民対農民、集落対集落、村対村、地域対地域の抗争に発展した。抗争では血が流れた。農民たちは水を獲得するために武器をとってたたかい、このときかれらは先鋭な武闘集団と化した。讃岐平野で異様なほどさかんにおこなわれた各種の農民武術は、水利水配をめぐる抗争にそなえて必然的に発達したものではなかったろうか。

阿野郡羽床村一帯の水利は綾川と羽床用水（大井手）に依存してきた。羽床用水はとりわけ重要なもので、大井手水掛り惣代が選ばれてその分配管理にたずさわったが、笹島辰三郎は十七名の大井手水掛り惣代をさらに束ねる総惣代であった。

水掛り惣代は村の行政組織とは異にして、こと水利に関する問題では、村の三役よりも絶対的な権力をにぎっていた。郷土史家大久保忠則氏は、奉額にある笹島辰三郎の門人名簿を点検して、「羽床村だけでなく近在の村々からも稽古にきている。庄屋、地主も門人に加わっています」と、いわれた。
この場合、近在の村々とは水利に関して利害を共有する地域の村々であろう。鞍馬流三十八世高峰軒笹島辰三郎源義近は、水利共同体の首長として畏怖されたのである。かれの奉額は平安神宮にとどまらなかった。香川県阿野郡羽床村大字羽床下百九十番戸笹島辰三郎は、全国の剣客にあてつぎのように発信している。
京都武徳殿並ビニ讃岐琴平宮及ビ滝ノ宮三社へ奉納剣法永続額面ニ府県高等官及ビ海陸軍将校方各県剣士ノ諸氏貴君初メ額面ニ御姓名ヲ記載シ奉納済ミニ相成候間此段御通知申シ上ゲ右三社へ御参拝ノ節御一覧下サレ度尚将来御交誼ヲ乞フ草々敬具
明治三十三年十月一日、笹島辰三郎は死去した。かれがいうところの剣法永続額は、地もと滝宮神社にはもうない。琴平神社には、さあ、まだ調査していない。

武徳殿の竣工

大日本武徳会はその設立当初から、武徳殿の造営、を事業目的の冒頭に掲げていた。明治三十一年七月、念願の武徳殿が平安神宮北西の地（現在地）に着工され、翌三十二年二月二十八日にいたって竣工した。

東西二十間南北十五間、中央に九間×七間の演武場を持ち、北正面に玉座を設けた単層切妻造りの豪壮華麗な殿堂で、四方に三間の廂《ひさし》がついている。総工費三万九千六百余円。建築主任技師松室重光は「わが国固有の形式に加うるに泰西の構造を用い、武を試みるの所二百余帖、総建坪四百一坪余にして、陪覧者一千二百余人を容るるを得べし」と工事報告の中で述べている。

武徳殿の竣工をひかえて、これまで例年十月におこなわれてきた武徳祭の日程を特定することが検討された。「令下二諸国一挙中武芸秀レ衆者上」（諸国ニ令シテ武芸衆ニ秀デタル者ヲ挙ゲシム）と『日本紀略』にある桓武天皇の延暦十五年三月十九日（庚戌）にちなんで武徳祭をおこなうことにしてはどうか。中央気象台に照会してみたところ、当日は太陽暦の五月四日であることがわかった。総裁小松宮の裁可を得て、以後、武徳祭は例年五月四日に執行することになった。

明治三十二年五月四日、武徳祭にさきだち、午前八時から武徳殿の落成式が挙行された。参列者は会長北垣国道男爵、副会長木下広次京都帝国大学総長、壬生基修伯爵、梅小路子爵、渡辺昇子爵、青木書記官、内貴甚三郎京都市長、その他在京都陸海軍将校、本支部役員、全国武術家五百余名。建築委員長内貴甚三郎の落成報告、建築技師松室重光の工事報告、会長北垣国道の祝辞などがあり、午前八時三十分に落成式は終わった。

それから一同は平安神宮へいたって武徳祭をおこなった。

午後一時、総裁小松宮彰仁親王の台臨をあおぎ、武徳殿で本部旗と支部旗の授与式、有功章と褒章の授与式、さらに発会式をおこなった。午後の式には山県有朋総理大臣、内海知事、在京都貴衆両院議員、各官庁の長官、名誉職員、その他のひとびとも加わり、午前の式に参列したひとびとと合わせて一千余名、会場にすきまがない。

楠正位は鳥海弘毅、丹羽圭介、飯田新七、渡辺千秋、壬生基修、小西新右衛門ら、武徳会創立当時からかかわったひとびととともに、有功章を授与された。ほかに有功章を授与されたのは内貴甚三郎、村井吉兵衛、鴻池善右衛門であった。大日本武徳会には「本会ノ為功労アル会員ニハ理事会ノ推薦ニ依リテ有功章又ハ褒章ヲ授与ス」という規則がある。佐々熊太郎は褒章を授与された。

発会式のあと、剣術柔術諸流の達人百余名が形を演武し、子爵渡辺昇と柴江運八郎（長崎）が神道無念流五加を打った。幕末維新の動乱をくぐりぬけてきた明治政府の高官には剣術の達人が多い。会計検査制度を確立して功績のあった子爵渡辺昇などはその筆頭というべきで、幕末、神道無念流斎藤弥九郎の練兵館では、桂小五郎のあとをついで塾頭をつとめたほどの伎倆であった。

渡辺昇は肥前大村藩のひとで、剣術を藩の一刀流師範宮村佐久馬について学んだが、じっさいにかれを指導したのは佐久馬の実弟で、渡辺より四歳年上の（柴江）運八郎であった。大村藩が神道無念流斎藤歓之助（初代弥九郎三男）を招いて藩の流儀を統一したため、柴江も渡辺も同流に転向した。明治三十二年五月のこの頃、柴江は大村で歓之助がのこした道場微神堂を維持し、渡辺は東京で歓之助にちなんだ道場微神堂を運営している。両者が第一回の剣道範士を授与されるのは、明治三十六年五月のことである。

新築なった武徳殿の入口にはアーチ形の門をこしらえ、その頂上に国旗を交叉して武徳会の記章を飾った。門には右に大日本、左に武徳会の文字を、それぞれ草花でつくった。また、宴会場として用意した仮設の建物は、柱を松葉と造花で巻き、紅白金巾の幔幕を張りめぐらした。かたわらには、小西新右衛門寄付の清酒、村井兄弟商会寄付の煙草がそれぞれ積みあげてある。武徳殿の構外は疎水べりから応天門前にいたるまでさまざまな露店が並び、ひとびとで混雑した。

武徳殿では五月五日に槍術、長刀、鎖鎌、居合。五月六日に柔術。ともに盛況であった。剣術試合は五月七日からはじまったが、二百余組もの出場があり、東西二組に分かれて試合をおこなった。一般試合を二組ずつ進行するようになったのは、この年からである。

午後二時十分、総裁小松宮彰仁親王の臨場があり、臨時の組み合わせによって、十八番の試合を台覧に供した。台覧試合は一番ずつおこなった。主な勝負はつぎのとおりである。

勝石山　孫六（高知）
負倉地　正久（新潟）
勝小関　教政（京都）
負市毛　　厚（埼玉）
分　高野佐三郎（埼玉）
　　高橋赴太郎（兵庫）
分　小南　易知（熊本）
　　小関　教道（京都）

勝吉田　徹郎（徳島）
負土居　盛義（高知）
分　根岸　乙吉（東京）
　　浅野　一摩（福岡）
勝柴江運八郎（長崎）
負吉田　勝美（長野）
分　香川善次郎（京都）
　　富山　　円（兵庫）

分
下江秀太郎（愛知）　勝奥村左近太（岡山）
三橋鑑一郎（京都）　負得能関四郎（東京）

なお、総裁のお好みとして、つぎの三番がとくに一本勝負で追加になった。

勝蜂谷　松造（岡山）　勝根岸　乙吉（東京）
負小西新右衛門（兵庫）　負松浦増太郎（愛知）
勝渡辺　昇（東京）
負奥村左近太（岡山）

根岸乙吉はのちの中山博道。さすが有名剣客をそろえているが、この中に思いがけず土居盛義の名がある。

突然だが、慶応元年（一八六八）二月十五日、あの堺事件が起きている。堺警備の土佐藩兵とフランス水兵が衝突し、土佐藩兵がフランス軍艦デュプレー号の端艇に発砲し、乗組員十数名を殺傷（死者十一名）した。その結果、フランス側の要求で、これに関与した土佐藩兵二十名が二月二十三日、堺の妙国寺で切腹することになった。

切腹は、当日、申の刻（午後四時）から執行された。十一人目が切腹を終わったところで、突然、デュプレー号の艦長から要望があって、以後の切腹は中止され、九名の土佐藩兵が助命された。このとき助命された九名の一人、土居八之助がすなわち土居盛義である。かれはその余生を堺事件で憤死した藩士の顕彰と高知撃剣の発展に捧げた。

日曜日ということもあってか、五月七日、二千名をこえる参観者が武徳殿につめかけた。武徳殿では翌日もひきつづき剣術試合がおこなわれ、納富教雄（佐賀）―絹川清三郎（大阪）、大野誠至（大分）―河島角摩（鳥取）、門奈正（神奈川）―城崎方亮（熊本）、関亀太郎（島根）―日比野賢吉（愛知）、小野田伊織（新潟）―佐山捨吉（兵庫）、佐々木正宜（東京）―辻真平（佐賀）らがたたかった。

武術講習の開始

武徳殿の完成によって、かねて事業目的としてきた武術講習を明治三十二年九月から本格的に実施することになり、指導陣の充実強化がはかられた。本部教授として招かれたのは、奥村左近太、三橋鑑一郎、佐々木正宜、内藤高治、小関教政の五人である。

武徳殿が建つまでのあいだ、武術講習は大日本武徳会の事務所でおこなわれてきた。表門から構内にはいって左側、ここにもと京都取引所だった建物を購入して移築し、事務所とした。武術講習にあてられたのはその一室で、かつては株式相場の立ち会い（場立ち）にもちいられていたところを剣術と柔術の道場にした。

かの松崎浪四郎が書記として会務にたずさわるかたわら剣術を指導した。講習生は警察官と有志の子弟で、あわせても微々たる人数にすぎない。名人とうたわれた剣豪にとっては、あまりにみすぼらしい風景である。かれは第一回武徳祭大演武会に出場した翌年、明治二十九年六月十九日、病気のため六十四歳で死去している。妙心寺塔頭鄰華院に「久留米其他諸国剣客有志中」によって墓が建てられた。

そのあと、武徳会の武術講習をつないだのは、京都地ばえの剣客矢野勝治郎であろう。直心影流戸田栄之助、神道無疆流林一道斎、直心影流高山峰三郎などについて修行したかれの履歴に、「大日本武徳会創立に際し会務に鞅掌《おうしょう》し、引き続き武道の教習に従事す」とある。香川善次郎もまた、明治三十一年六月から本部で指導し、現に三十二年五月の武徳祭大演武会には京都から出場しているが、同年十一月には佐賀県警察部雇として転出した。

さて、明治十七年十一月八日、警視庁の主催によって剣道史上ではじめて全国規模の大会が東京・本郷の向ケ岡弥生社で開催された。奥村左近太はこのとき独特の二刀流でめざましい活躍をしめし、いちやく脚光を浴びた岡山の剣客で、以後もさまざまな大会を席巻して高山峰三郎と並び称された。高山は明治三十二年二月二十四日、死去している。

三橋鑑一郎は岡崎藩東軍流指南役佐藤次太夫の子で、三橋家の養子となって新宮弥次兵衛に武蔵流を学んだ。明治十三年名古屋監獄に奉職したといい、さきに紹介した原不二夫も出場した撃剣大会では、左翼の小結として番付に名がある。警視庁に入ったのは明治十六年らしい。のち警視庁撃剣世話掛から済寧館御用掛に転じ、明治三十二年二月から京都主殿寮出張所で撃剣を教授していた。

佐々木正宜は水戸に生まれ、叔父佐々木軍八郎について神道無念流を、豊島源之丞について水府流を学び、さらに直心影流榊原鍵吉のもとで修行して警視庁に入った剣客。西南戦争では各地を転戦した。警視庁を去ったあと、会津の私黌日新館、越後の道場真々館などで教授したが、ふたたび警視庁に復職して撃剣世話掛となった。

小関教政はもと亀岡藩士小関教道の子である。明治十五年三月三日、京都に警察講習所（のち巡査教習所）が設立された。府知事北垣国道が京都府御用掛として撃剣教師に採用したのは、前任者槙村正直が撃剣稽古の罪状で二条城に半年余も檻禁した亀岡の小関教道であった。父とともに京都市へでた小関教政は、京都体育場で渡辺篤、高橋筅次郎らの、警察署道場で小関教道、太田弥竜、井沢守正、中原仲、のちには松崎浪四郎らの教えを受けた。

ついでだが、日本で最初の府立体育館ともいうべき京都体育場の撃剣教師渡辺篤は、（むろん素性を隠していたが）幕末京都見廻組に属し、慶応三年（一八六七）十一月十五日、佐々木只三郎らとともに河原町三条下ル蛸薬師角の近江屋を襲撃して、坂本竜馬、中岡慎太郎を暗殺した渡辺一郎である。

小関教政は撃剣知事として有名な籠手田安定のもとにあって新潟、滋賀の撃剣教師をつとめたが、明治三十年三月二十日、籠手田が没したため、翌年、京都府警察部に転じた。

内藤高治は文久二年（一八六二）十月二十五日、水戸藩弓術師範役市毛五郎右衛門高矩の六男として生まれた（のちに内藤家の養子）。母は同藩北辰一刀流剣術師範役渡辺清左衛門の娘で、高治は剣術をまず母かたのおじ渡辺徳之丞から学び、明治六年秋、もと北辰一刀流師範役小沢寅吉政方が田見小路に東武館を開館すると、ここに入門した（東武館の創立は佳き日を選んで明治七年一月一日となっているが、稽古はそれ以前からおこなわれていたらしい）。

市毛家では農業のかたわら那珂川で回漕業を営んだ。この頃、水運がさかんである。明治十六年四月、高治二十二歳、水戸を出奔した。東京へでたかれは榊原鍵吉の道場を中心に稽古すること一年余、明治十七年五月、武者修行に出発した。ふたたび東京に帰ったのは二十年十月である。いったん帰国して免許皆伝を得たあと上京、各警察署の道場をたずねて勝ちつづけるうち、明治二十一年五月九日、警視庁巡査を拝命し、牛込署撃剣世話掛となった。

内藤高治が牛込山吹町に道場養真館を創設したのは明治二十七年六月、東京専門学校（早稲田大学）の撃剣師範を嘱託されたのは明治二十九年四月、翌年には道場を牛込原町に移した。これら東京の生活を清算して京都に赴く決心をかれにせまったのは、「ミチノタメキタレ」という一通の電報であった。発信人は大日本武徳会常議員楠正位。明治二十九年十二月から京都地方裁判所長の地位にあった。

この電報にたましいをゆさぶられた内藤高治は、すべての職を辞し、養真館を友人梅川巳之四郎に譲った。かれが京都に着いたのは明治三十二年九月二十四日である。三条通り大橋東入ル伊勢屋旅館に数日滞在し、下京区富小路錦上ル加藤八郎方に二か月ほど寄留したあと、上京区新柳馬場仁王門下ル西村知彦方の離れ座敷を住居にした。

武術教員養成所

大日本武徳会が発足して十年、組織も拡充された。明治三十八年五月までのあいだに三十九におよぶ支部が設立され、本部にならって武徳殿の建設を急ぎ、演武会の開催や武術の講習をおこなおうとしていた。ただ、武術の講習には困惑する事情がつきまとった。適当な指導者が見つからない。旧世代の剣客はすでに老い、新世代の人材はいまだ出現しない。本部へさかんな依頼があるが、対応できる状況になかった。急いで人材を養成する必要にせまられて本部が設けたのが「武術教員養成所」（剣術と柔術）であった。

武術教員養成所は、明治三十八年十月一日、開所した。入所資格は、剣術の場合、年齢二十歳以上三十五歳未満（翌年十八歳以上三十歳未満と改定された）、仗倆五級以上、中等学校第三学年と同等以上の素養ある者とされ、本部または支部の推薦が必要であった。

第一回生は近藤盛一、中野宗助、清水庸三郎、納富五雄、斎村五郎、島谷八十八、落合恒雄、常世常雄、越智侶一郎、梅川熊太郎、金丸実らで、定員が柔剣術合わせて四十名のところ二十名に満たない。そのせいでもあろう、よほど融通がついたものか、島谷八十八は三十八歳、斎村五郎は十八歳、二十歳もの隔たりがある。

生徒は本部から月額六円の補助を受け、寮で生活した（東山仁王門通り寂光寺からのちに岡崎町字福ノ川の民家）。授業の日課は術科（午前二時間午後二時間）と学科（国語、漢文、地理、歴史、数学、英語など）二時間である。修業年限は一年ないし三年、この期間内に四級に達すれば卒業できるしくみになっていた。学科は一般教養で、卒業に影響しない。

術科の授業は本部の指導陣によって武徳殿でおこなわれた。この頃、その陣容は教授三橋鑑一郎・内藤高治、助教授正木勝・谷田貝弥三郎・湊辺邦治で、太田弥竜、矢野勝治郎、北島辰一郎、唯万喜蔵が有志として手伝っていた。奥村左近太は病気で死亡し、佐々木正宜、小関教政は本部を去った。門奈正が本部に赴任するのは明治四十年九月である。

当時、武徳会本部の講習生だった堀正平の記憶によると、おとな十人、子ども三十人、女子薙刀六、七人……が本部における武術講習（剣術）の実状で、稽古の主体は子どもであった。指導陣の強化をはかって六年、だが講習生の人数は期待に反して少ない。

武術教員養成所の第一日目、術科の授業に出席した生徒は、清水、近藤、島谷、落合、納富、中野、越智、梅川の八人、これに講習生の堀正平と原鶴吉が加わった。斎村五郎は欠席した。斎村が稽古することは、その後もめったになかった。この日、三橋、内藤、正木、谷田貝、湊辺、太田、矢野、北島、唯……の指導陣が全員そろって元に立った。

清水庸三郎が一時間に十八本かかった。元気旺盛である。堀正平が九本。そのつぎは近藤盛一らしかった。島谷八十八は三太刀ばかり打ち込んでやめてしまい、これを二本。落合恒雄は変な切り返しを二本やってひきさがり、納富五雄は五本かかって嘔吐した。中野宗助も三、四本で呼吸があがってしまった。こうして、初日の術科は終わった。

武術教員養成所の開所から一年がたち、島谷八十八、中野宗助、納富五雄が卒業した。第二回生として堀正平、大島治喜太、持田盛二、近藤信勝、市川宇門らが入所した。のちにわが国の剣道界をリードする有能な人材が武術教員養成所からでている。指導者の養成を急ぐ意味からも稽古は猛烈をきわめた。

楠正位は武術教員養成所が発足するや、学科教員として「講話」を担当するかたわら養成部顧問を、そしてすぐに養成部監督をつとめた。講話の内容は主として武芸史であった。武術教員養成所が養成部に所属する機関だとすれば、養成部監督とは養成所所長と同義であろう。

楠正位は明治三十三年十一月、京都裁判所所長から大審院判事に任ぜられているが、それは辞令上だけのことであったらしく、ただちに本人の依頼によって免ぜられている。退官後、大日本武徳会のためこれまで以上に時間を割くことが可能になった。

明治四十年四月十日、大日本武徳会は教員養成および武術講習に関する事務を総括する機関として、武術部を設置することになった。これまで大日本武徳会は武術を剣術、柔術、弓術、遊泳術、射撃術……などに分け、各部に監督、副監督をおいてきたが、こんかい統一をはかって各部を教員養成部に合併し武術部と呼ぶ、というのである。武術部を統括するのは監督で、その下に副監督、教授、助教授、生徒監、書記などの職員が配置される。武術部監督になったのは、楠正位であった。大野徳孝、土屋員安ら四名が副監督として楠正位を補佐した。

いま、忘れずいっておくと、武術教員養成所は明治四十四年九月に閉じたが、在学中の者のうち希望者は講習生とともに術科の修業をつづけさせ、四十五年七月をもって終了させた。武術教員養成所からは松石渉、森末弘雅、早川要、古賀恒吉、市川宇門、長野春吉、鶴田三雄、杉山和民、中島寿一郎、上村秀ほかがでている。

岡崎町字福ノ川

武術教員養成所の寮は、はじめ東山仁王門通り寂光寺の一部を借りて、これにあてた。お察しのとおり、入寮した生徒連中はただものではない。某日、夕食の用意が遅れた。生徒一同、本堂に集合して、柔道ダンスと称するあばれ踊りをつづけた。おそるべし、震動のためにご本尊さまがゆらぎだし、あるべき位置を変えて移動してしまうという事態にたちいたった。

元来寺院のこととて生徒の寄宿舎としては種々の不便あるより、とうていながく忍び能わざるをもって他に適当の場所を詮索中のところであったというが、じっさい忍び能わざる日々を余儀なくされていたのはご本尊のほうで、明治四十年十一月十九日、武術教員養成所の寮は、岡崎町字福ノ川に移転した。同地にある江浪亀三郎所有の家屋は下宿屋の構造をしていて部屋が多く、講堂も食堂も静養室も居室も炊事場も備えている。明治四十二年二月一日発行『武徳誌』に、「大日本武徳会武術教員養成所につきて」という投書が掲載された。梨花生と署名した投書の主は、養成所生徒らしい。

朝食をすまして室内の掃除などしていると号鐘が鳴る。学科が始まる合図である。講堂にでる。すると正味一時間半くらいの学科の授業がある。それが終わればただちに武徳殿にいく。午前十時から十一時まで術科の稽古がある。帰りて昼飯を食う。午後一時になるとまた学科の授業で、しかし午前午後かならずまいにち学科があるわけではない。ときどき時間割が変わるから、午前ありて午後ないとき、午後ありて午前ないときなどもある。午後三時半から五時まではまた武徳殿で術科の稽古、帰りて夕飯、それから午後九時までは湯にいく、散歩にでる、室にありて勉強するなど、そのひとの自由である。十時に消灯入寝、まず一日の日課ともいうべきものは、こんなものである。もちろん門限とか外出とか、入寝とか起床とか、それぞれ規則はさだめてあるが、その規則で束縛し圧制するようなことはない。

食事は各自食堂でする。賄いと小使が用意してくれる。食費一か月六円、大日本武徳会が補助している金額と同額である。つまり生徒は武徳会によって食と住を保証されていることになり、そのほかの経費といえば寄宿舎の雑費三十銭かそこら。むろん小遣いとして五円程度はほしい。京都では中級の下宿で、相場は一か月食費七円五十銭、部屋代一円五十銭、炭代、油代は別となっていた。

夏は七月二十一日から八月二十日まで暑中稽古がおこなわれた。午後零時半から二時まで、いちばん気温が上昇する時間帯が選ばれた。冬は一月十一日から一月三十一日まで寒稽古がおこなわれた。午前六時から七時まで、日課に変更はなかった。

かくして、剣術では春秋二期に試験が実施され、だんだんに進級して本部規定の四級に達したら卒業できるしくみであった。修業年限一年ないし三年、うまくしたもので早くても一年未満では四級に至らず、遅くても三年経過すれば四級に達した。春秋二期の試験は（もともと一般教養で卒業と関係ないとされた）学科でもきびしく実施された。武術教師として、できるだけ完全円満な人物を養成するためには、それが必要と判断されたからである。

判断したのは武術部監督として武術教員養成所を統括している楠正位にちがいない。いかに術科にすぐれていても、学問の素養がなく、常識に不足し、人格に問題があるような人物は、師表となって後進を導く資格がないというのが、かれの持論であった。現にかれが南禅寺塔頭正的院に水南塾を開いているのはそのためで、水南塾は武道家の精神道場と呼ばれていた。

だが、武術教員養成所のありのままをいえば、武徳の徳を養うことよりも武を争うことに熱心で、やや公序良俗に反するふうがあった。養成所生徒の私行は、けっして全員がそうだというのじゃないけれど、と前置きして、「放逸粗暴、付近ノ住民ハ養成所ノ生徒シ謂ヘバ一概ニ乱暴者ヲ以テ目スル状態ニシテ、雑貨商ノ如キハ屢々《しばしば》不払ニ遭ヒ口実ヲ設ケテ購買ヲ謝絶スル状態ニシテ、人ヲシテひんしゆくセシムルモノアリシガ……」と『大日本武徳会沿革』が、声をひそめるように、だがたいそう率直に告白している。

武術教員養成所には、生徒監として城義核と中田慎悟が配され、武術部監督楠正位の指揮にしたがって生徒を取り締まり庶務を管理していたが、かれらの視野のとどかないところで、しばしば事件が発生した。極め付きは、雷五郎こと斎村五郎と釈迦の宇門こと市川宇門、である。

よくないことに、この両者はあいまみえるや一瞬にして肝胆相照らす仲となってしまった。共通するのは酒癖が悪いことと喧嘩が好きなことである。しかも、曲がったことと弱い者いじめが大嫌いであった。釈迦如来を見よ。その頭髪は螺髪と呼ばれ、小さな渦巻き状になっている。市川宇門の縮れ毛がこの螺髪によく似ているというので、釈迦の宇門、という異名がついた。

雷五郎、の異名については説明する必要がない。この頃、斎村五郎は総髪にして肩までながく垂らしている。宇門の螺髪と五郎の総髪が酔ったうえ目をすえて都大路をいく。危険このうえない。雷五郎と聞いて泣く子も黙ったが、釈迦の宇門と聞いて黙った子がまた泣いた。

雷五郎こと斎村五郎がようやくにして卒業を迎えながら教員養成所を退校になった。病気を理由に学科・術科を欠席しておきながら、ひそかに外出して酒を飲んだあげく、酔狂して暴行を働き、警察署にひきわたされた。これはまずい。警察の通報によって生徒監が警察署にでむき、身柄を貰い受けて帰った。楠正位の決断によって斎村五郎はやむなく退学。武術教員養成所を追われた斎村五郎は、だが楠正位らの斡旋で、明治四十一年六月、宮崎県立宮崎中学校の剣道教師として赴任した。

南禅寺塔頭正的院

楠正位が京都地方裁判所長から大審院判事に任ぜられたのは明治三十三年十一月であった。ただちに依願によって免ぜられているが、これは退官にともなう慣習のようなものであったらしい。ながきにわたった司法の世界から退くや、楠正位は椹《さわら》木町烏《からす》丸《ま》西入ルの官舎から南禅寺境内の塔頭正的院に住居を移した。

正的院ならいまもある。南禅寺の中門をくぐって哲学の道をいけばまもなく左側にあるが、この位置に移ったのは昭和五年前後のことで、それまでは哲学の道を隔てた右側の少し高台にあった。正的院を住居とした楠正位が水南塾を開いたのはいつか。それは明治三十八年十月、武術教員養成所が設立され、かれが養成部監督となったあとさきだった気配がつよい。

大日本武徳会の創立にかかわって以来、かれは、武術の隆盛をはかるには人物伎倆兼備の立派な指導者を養成することが急務である、と主張してきた。ただし、伎倆については道場で教育できるが、人物については別個の教育が必要である、と。水南塾で楠正位がめざしたのはすなわち別個の教育で、あとで述べるように、水南塾は剣道家たちの修養道場のごとき観を呈した。

この日頃、大日本武徳会常議員楠正位はますます多忙である。明治四十二年十月四日、大日本武徳会愛知支部の発会式が市内前津麹ケ池（大池）の愛知武徳殿でおこなわれ、かれは会長大浦兼武の代理として出席することになった。愛知支部が設置されたのは明治三十二年十二月十五日のことで、支部を設置してから発会式をおこなうまで、じつに十年近くも要している。

大日本武徳会愛知支部は、吉川義剛、日比野賢吉らが大いに働いて、設置後三年で六万数千人の会員を獲得したが、武徳殿建設敷地を決定するまでに二転三転、三派が争うというスキャンダルがらみの事態を招いている。新聞『新愛知』が大きく紙面を割き、「武徳殿と敷地問題」を告発した。ようやく敷地は現在地に決定したが、これに反対する会員三百人は支部から脱退するという行動にでている。こういう経過をたどって、明治三十九年二月に着工した武徳殿は四十年五月に竣工したが、さきのトラブルが尾を引いているのか、発会式はさらに二年も遅れることになった。

愛知支部の発会式に出席した本部の関係者は会長代理楠正位、商議員子爵渡辺昇、常議員岡田透、剣術教授内藤高治、柔術教授永岡秀一。総裁宮の臨席を仰ぎ、会長以下の役員を多数迎えておこなわれる他県の支部発会式にくらべて、少しわびしいのではないか。

しかし、当日、武徳殿のある前津付近は、支部発会式の演武大会や余興の競馬を見にきたひとびと五万人でにぎわった。剣術試合の申し込みは八十九組百七十八名。高知、和歌山、三重、兵庫、京都、滋賀、岐阜、静岡、神奈川、埼玉、群馬、長野、新潟などからも出演があり、試合は二日間にわたった。

ちなみに、教士、範士の剣術試合（勝負をつけない）では、湊辺邦治（京都支部）―高野茂義（埼玉）、浜島重軌（愛知）―奥平鉄吉（群馬）、佐瀬政春（奈良）―加藤貫一（愛知）、梅村孝直（愛知）―上村信夫（新潟）、近藤義九郎（愛知）―高木義征（高知）、日比野賢吉（愛知）―小沢一郎（茨城）、田中厚（愛知）―高橋赳太郎（兵庫）、原不二夫（愛知）―内藤高治（本部）などの立ち合いがあった。

『武徳誌』の発行継続に関する議題が常議員会の席上にのぼったのは、同年十月二十九日である。

そもそも大日本武徳会は会誌の発行を事業目的の一つとして掲げており、『武徳誌』は明治三十九年六月の第一号以来、毎月一回、発行されてきた。編集・発行を外部に委託し、収支の不足を補助金として提供してきたが、この形式を今後ともつづけていくのはいかがなものか、というのが議題であった。

十二月一日の常議員会は、これまで外部に編集・発行を委託してきた『武徳誌』を廃し、本部直営の機関雑誌『武徳会誌』を、明治四十三年一月から毎月一回刊行することに決めた。『武徳会誌』の編集監督楠正位。評議員として法学博士田島錦治、法学博士岡村司、文学博士内藤虎次郎（湖南）が名を連ねている。

楠正位はさきの『武徳誌』にも「武芸講話」（のち武術系統講話）を連載してきたが、このたび『武徳会誌』発行にさいしても、水南老人という誌上名で「講話宮本武蔵」を連載することになった。宮本武蔵に関する造詣の深さでは定評があり、武術教員養成所でもかれの小伝を講演したことがあった。

武専の出発

明治四十四年六月もしくは九月、斎村五郎が水南塾の玄関番として、正的院に住みついた。斎村五郎年譜はこれを九月としているが、斎村の記述したものはこれを六月としている。いずれにしても、かれが南禅寺境内の正的院をたずねて楠正位の書生となったのは、大日本武徳会本部で修行をやりなおすためで、宮崎中学校剣道教師を依願退職しての再出発であった。すでに、妻子がある。妻子は彼女の実家にあずけた。

県立宮崎中学校に若き剣道教師が赴任したのは、明治四十一年六月であった。京都の武術教員養成所を（楠正位の決断によって）退学処分となった斎村五郎である。鬱屈するものがあったであろう、焼酎に親しむ怠惰な日々がすぎていたが、ある朝、学校に向かう途中天にそびえる霧島連峰をのぞみ、突然、はげしい反省に襲われた。

『大宮中五十年史』に寄稿した斎村五郎の文章によれば、かれはこの瞬間を転換点として、心の修養のため、克己生活にはいっている。京都時代からあびるように飲んできた酒をやめた。遊興もやめた。たばこもやめた。睡眠は四時間に限った。朝は四時に起きて庭で日本刀を一千回振り、昼は学校で稽古に励み、夜は専門書や修養書を読んで、十二時に就寝した。

食欲減退、睡眠不足、神経衰弱などの症状があらわれ、医師は極端な禁欲生活の害毒を説き、友人はかれの生命さえ危ぶんだが、半年後には心身とも生まれかわった。自己再生の日々がつづき、四十二年七月、結婚している。

明治四十四年五月二十日、宮崎県警察部講武場でおこなわれた宮崎支部の武徳祭演武大会に、本部の内藤高治、永岡秀一、萩原正敬、芦田長一が出席した。かれらは鹿児島から都城を経て宮崎に到着したもので、都城中学校には武術教員養成所を卒業した近藤信勝がつとめていた。十八日、都城から馬車にゆられて到着した内藤を斎村らが泉亭で接待した。十九日、内藤は宮崎中学校で稽古と講演をおこなった。二十日、内藤は山口直一郎（延岡中学校教師）と武徳会剣術形を打った。斎村五郎と近藤信勝は特別試合で引き分けた。この夜、斎村、近藤、山口らの主催で懇親会が催された。本部の一行は、翌朝、出発した。

斎村五郎が本部で修行をやりなおすため、妻子を実家にもどして京都にでたのは、同年六月もしくは九月である。斎村から修行の覚悟を聞いた大日本武徳会本部では、さかのぼってかれの退学処分を解消することにした。この時点でおそらく卒業あつかいとなったのであろう。むろん、楠正位の意思が働いている。

斎村五郎は玄関六畳の部屋に中学生とともに起居して楠正位の書生をつとめるかたわら、午前と午後、武徳殿で稽古に励んだ。本部の事務所に申しでて講習料を納めれば、だれでも本部講習生となることができた。講習料は明治四十二年二月現在で年一円、これを前期後期の二度に分けて納入すればよい。斎村五郎が修行をやりなおそうとしているいまも、たぶん同額であろう。講習料を払いこめば講習票がもらえる。講習票を提示すれば稽古に参加できる。

この頃の本部の指導陣をいえば、三橋鑑一郎は明治四十二年三月十五日死去、内藤高治、門奈正、湊辺邦治が教授、中野宗助、持田盛二が助教授、兵役からもどった大島治喜太が助手……といったところであろう。斎村五郎は講習生にすぎなかった。

斎村五郎はそのかたわら南禅寺管長河野霧海に参禅し、座禅、作務、托鉢など雲水修行につとめたともつたえられるが、これはかれが武術教員養成所に入所する前の半年間、南禅寺で僧堂生活を送ったことと混同されているのではないか。楠正位の玄関子斎村五郎は、稽古と勉学にあけくれた。

明治四十四年九月十八日、武徳学校の開校式が午前十時からおこなわれた。場所は上京区吉田町中大路三十一番地、吉田神社をいただく吉田山の山麓で、私立吉田中学校校舎を買収したものである。京都府知事大森鐘一、京都帝国大学総長菊池大麓、大日本武徳会会長大浦兼武、もと会長北垣国道、渡辺昇ら商議員、楠正位ら常議員が列席した。

鈴木保臣主事（第三高等学校教授）の開会の挨拶、折田彦市校長（第三高等学校長、大日本武徳会副会長）の式辞、大浦兼武の演説、大森鐘一の祝詞、生徒総代の答辞などがあって式が終わった。

大日本武徳会は創立以来目的としてきたものに、武道精神を基調とする青少年の教育、があった。この目的に沿った教育機関の設立に最も熱心な意欲をしめしたのは、明治三十九年四月、大日本武徳会の会長に就任した大浦兼武で、早々に副会長木下広次を委員長とする委員会を設置して調査研究を開始した。委員六名。楠正位も新渡戸稲造、仁保亀松、田島錦治、土屋員安、大野徳孝とともに委員をつとめている。『武士道』の新渡戸稲造は明治三十六年から京都帝国大学教授、三十九年には第一高等学校長に転じたが、同年七月から大日本武徳会の常議員であった。

明治四十一年第二次桂内閣に農商務大臣として入閣した大浦兼武は、四十三年日英博覧会総裁としてロンドンに赴き欧州各国を巡遊したが、そのさいロンドンで視察したイートンスクールに感じるところがあった。

武徳学校の構想は右のような経過をたどって得たもので、そもそもは中学部と師範部とを全寮制のもとで一貫教育しようとしたが、実現へあと一歩までせまりながら資金に苦しみ、規模を縮小して師範部のみで発足することになった。初年度の生徒数二十二名。入学資格は中学校卒業者で、修業年限三年、生徒はすべて寄宿舎に入る規則になっていた。

武徳学校の開設にともない、武術教員養成所は廃止された。在学中の者は術科が卒業程度に達するまで修業を継続させ、明治四十五年七月にいたってすべて修了させたことはすでに述べた。なお、武徳学校は学制上の位置があいまいでわかりにくいため、明治四十五年一月、武術専門学校（大正六年四月から四年制。大正八年八月から武道専門学校）と改称した。いわゆる「武専」の最初である。

右武会の設立

楠正位の水南塾では、月曜、水曜、金曜の午前六時半から七時半まで孫子呉子の兵書、四書五経、伝習録（王陽明の語録）などの講義がおこなわれた。かれは講義を通して、武道家の精神教育につとめ、正的院は武道家の修養道場であるかのごとき観を呈した。かれが水南塾を開講したのは、武術教員養成所の発足とほぼ時期を同じくしていると思われる。

斎村五郎によれば、楠正位のつねに説くところは、つぎのとおりであった。すなわち「武道家として世に立つには物質欲と名誉欲とを離れ、自己に与えられた天爵を尊び、自己の学ぶ道を楽しむ心境になりきらねばならない。およそ武道家と黄金、武道家と人爵とは縁の遠いものだ。もし人爵や黄金に恋々たるものがあれば、よろしく去って他に職を求むるがよい」「剣道は武士道を実行するために修行するのだ。武士道を離れた技術だけなら虎狼の猛きである。世に百害あって一利もない」「利口な剣術家は多い、大馬鹿の武道家は希有だ。名誉も黄金も命もいらぬ大馬鹿がでてきてほしい」

水南塾に集まって楠正位の講義を受けたのは、中野宗助、斎村五郎、近藤信勝、大島治喜太、古賀恒吉、佐野（美田村）邦彦、高田直人、杉山和民、宮崎茂三郎……ら二十余人におよび、南禅寺組、と称された。かれらは楠正位の人格、識見に心服して、師の期待に背かぬ剣道家でありたいとつとめた。

かれらのあいだに、ある一つの動きが生まれた。斎村五郎が『刀と剣道』昭和十四年六月号に書いている。

ひるがえって当時の武道界を見るに、日露戦争後斯道復興の気運に向かっていたが、肝心の指導者たる武道家の人物欠乏と不統一とで、混沌として適帰《てっき》（身をおちつける）するところを知らない。かかる状態で推移すればようやく曙光を認めた武道がふたたび暗黒時代に復帰するのはあきらかだ。ここにおいて予ら同志は身をもって斯道の興隆と革新にあたる決心のほぞを固めた。しかしながら、この大任は個人もしくは少数人の力ではだめだ。広く天下の武道家を糾合して一致団結を図り、内に武道家の自覚を促し、外に大衆を指導してこそはじめて所期の成果を得るのだ。されど当時の武道界の情勢として、全国的に剣道の団結を図ることはただに困難ばかりでなく、むしろ無謀に近いのだ。そこで易から難に、細より大にの筆法で、まず武徳会卒業生の同窓会を組織して、これを母体団体としてじょじょに全国の剣道家に呼びかけるにしくはないと考えた。

斎村らは楠正位の指導を受けつつ設立趣意書や規約などを起草して機会を待った。

明治四十五年五月九日、武徳祭大演武会に出演するため京都に集まった卒業生たちによって、岡崎町日英軒で懇親会が開かれた。この場合、卒業生とは武徳会本部講習科または武術教員養成所を終了した者をいい、この年までの卒業生八十名のうち三十三名が懇親会に出席していた。設立趣意書はこの席上で発表され、賛成を得た。会に右武会と命名したのは楠正位である。楠は当然この懇親会に招かれていたであろう。初代会長に楠正位、副会長に内藤高治が推挙されて就任した。

斎村五郎が大日本武徳会本部(と武術専門学校)剣道の助手に任命されたのは、同年七月であった。楠正位の玄関子からようやく脱した斎村は、実家にあずけてあった妻子を京都に呼んで、ともに暮らすようになった。

第一回右武会総会を開催したのは、大正二年五月六日であった。規約を議決し、宿題を提出して総会は終わり、午後一時から三時まで、京都帝大の道場で地稽古をおこなった。総会に招かれて元立ちをつとめた師範は、高野佐三郎(東京)、内藤高治(京都)、佐々木正宜(鹿児島)、正木勝(長野)、上村信夫(新潟)、田中厚(愛知)、門奈正(京都)、谷田貝弥三郎(栃木)、矢野勝治郎(京都)、高橋赳太郎(兵庫)、湊辺邦治(京都)、小関教政(山形)、川崎善三郎(高知)、中山博道(東京)、高野茂義(埼玉)であった。

時間に制限がある。道場が狭隘である。そのため同時に四組を立て、元立ちは三人を受けたら交代することにした。この間十分。会員はくじびきで順番をきめ、猶予なく交代して稽古をおこなった。

右武会はやがて全国剣道家の団体に発展したが、結局のところその活動は親睦団体をこえるものではなく、剣道界に革新をもたらした気配はない。昭和十七年三月、大日本武徳会が政府の外郭団体となるにおよんで、右武会は活動を停止した。

さらば、水南老人

水南塾に学ぶ者のうち、楠正位がとくに愛したのは斎村五郎と大島治喜太であった。斎村が楠正位の玄関子となって正的院に住みはじめた年、大島も兵役からもどって水南塾に学ぶようになった。楠正位は二人の将来に期待を抱いていたのであろう、通常の講義のほか日曜祭日も斎村と大島を書斎に呼び、昼食夕食をともにしつつ熱心に指導した。説くところは、武道家の心がまえ、古人の修養談、現代大家の批評……などであった。指導は午前からはじまって、深夜までつづいた。

つけ加えていえば、大島治喜太は楠正位だけでなく、かれの妻孝からも愛された。大島に結婚をすすめ、尋常小学校の訓導岸本よしを紹介したのは孝である。岸本よしは、この頃粟田焼の工場を経営し海外に陶磁器を輸出していた事業家岸本樟郎の三女で、大島は孝のすすめにしたがい、三条通り白川橋東入ル四丁目中之町によしと所帯をかまえた。ちなみに、大正四年九月現在、斎村五郎の住所もまったく同じで、二人はすぐ近くに住んでいた。この一帯は千五百坪におよんで岸本家の敷地であった。

武徳会本部・武術専門学校の剣道助手、東山中学校剣道教師となって、ようやく将来の方向がさだまったかのごとくに見えた斎村五郎が、突然、中野宗助とともに武徳会を退職せざるをえないなりゆきになったのは、大正五年四月であった。武徳会の革新を提起してとも、武専校長の排斥を運動してとも、授業方式の変更に反対してともさまざまにいわれるが、それらはぜんぶほんとうであろう。

この頃、武徳会本部と武術専門学校は問題を蔵していたらしく、同年三月には校長仁保亀松が辞任し、四月には本部（主任教授内藤高治）と武専（主任教授湊辺邦治）とをわけて、それぞれ数名の教授、助教授を配している。武専に道場拱辰館が建ち、それまで武専生徒も講習生もともに参加して武徳殿でおこなわれてきた稽古が別々になった。

武徳会本部を辞職した助教授中野宗助は講習生として京都に残留し、助手斎村五郎はあらたな地平を求めて東京へ去った。斎村が東京へ去るにさいし、中野宗助、大島治喜太をふくむ水南塾の門下生は、楠正位夫妻にもおいでを乞うて南禅寺本堂前で記念写真を撮り、送別の酒をかわした。ひとびとに別離の感情は深かったであろう。

斎村五郎が家族とともに京都を発ったのは大正五年四月十九日であった。南禅寺の桜はもう散り急いでいる。さいわい大島治喜太は武徳会本部に踏みとどまったが、斎村五郎が東京へ去った空虚は埋めようもない。この日頃、楠正位の体調はすぐれなかった。かれが多忙な常議員を退いて閑職の商議員に就いたのは大正六年七月である。

大正七年にいたって、楠正位は膀胱《ぼうこう》がんと診断されたが、なおも自宅で静養し、年末、ようやく手術を受けた。大手術となった。結果はかんばしくなかった。好転する兆もないまま除夜の鐘を聞いて、年を越した。楠正位が死去したのは、大正八年一月三十一日午後十時である。行年七十六歳。

嗣子正秋は台湾総督府参事官。長女正路子《まさぢこ》は青島《ちんたお》新聞社社長鬼頭玉汝に、二女正城子《まさきこ》は法学博士田島錦治に、それぞれ嫁いでいる。葬儀は正秋が京都へ帰り着くのを待たなければならない。二月六日午後二時、黒谷墓地において神式で挙行されることになった。

二月二日、京都に雪が降った。午後五時頃から降りはじめた雪は、夜ふけてもなおやまなかった。

二月三日、あらたに大日本武徳会副会長と武術専門学校長を兼任することになった西久保弘道が東京から京都に着いた。京都はいちめんの銀世界であった。西久保弘道は佐賀・鍋島のひと。新潟県や福島県の知事、北海道長官、警視総監などを歴任し、このころ、貴族院議員である。幼少から剣術を好み、無刀流に傾倒することはなはだしい。

二月四日、武徳会本部で着任のあいさつをした西久保弘道は、午後一時吉田山の武術専門学校に赴き、前校長劉須から事務の引き継ぎを受けたあと、職員と学生を講堂に集め告辞をおこなった。それから稽古を視察して、午後四時に辞した。かれは今後、月のうち約十五日を京都に滞在して校務にたずさわることになる。

二月六日、午後二時から楠正位の葬儀が黒谷墓地斎場で神式をもって執行された。これよりさき、正的院の自宅で霊前祭をおこない、遺骸は柩に納められ、武徳会旗と武徳会から贈られた榊を先頭に、遺族近親者にまもられて斎場に到着した。当日、荒木京大総長、藤沼警察部長、嘉山地方裁判所長、柴田市会議長ら官民多数のほか、西久保武徳会副会長をはじめ同会理事や常議員、内藤高治、湊辺邦治ら指導陣、武術専門学校生徒、本部講習生らあわせて五百名に達する会葬者があった。

祭官が祭文を奏したあと、奏楽のうちに供饌《ぐせん》の儀があり、遺族近親者が玉串を献じた。つぎに西久保弘道が大日本武徳会会長浅田信興の代理として弔文を朗読し、さらに内藤高治が右武会総代として弔文を朗読した。くりかえしていうが、「ミチノタメキタレ」という一通の電報で内藤高治を京都に呼びよせたのは楠正位であった。弔文を朗読するかれの胸にもあふれるものがあったであろう。

大日本武徳会に一つの時代が終わり、一つの時代が始まろうとしていた。大日本武徳会が武術専門学校という校名を武道専門学校に改めたのをはじめ、これまで「術」を用いてきた名称をすべて「道」に改めたのは、同年八月である。わが意を得たり、と楠正位の霊は喜んだにちがいない。生前、かれは早くから、剣道、という用語を好んで用いていた。『水南老人講話宮本武蔵』にもその例があらわれている。

水南老人講話「宮本武蔵」

石神卓馬

凡例

一、本書は、『武徳会誌』（大日本武徳会本部発行）の第一号（明治四十三年一月）から第二十号（明治四十四年八月）まで、二十回にわたって連載された「宮本武蔵」（水南老人講話）を一冊にまとめたものである。

一、大日本武徳会は、明治二十八年四月、京都に本部をおいて創立された武道の全国組織で、昭和二十一年九月まで存続した。水南老人は大日本武徳会の創立委員で、ながく常議員（のち商議員）をつとめた楠正位である。

一、楠正位はもと京都地方裁判所所長。和漢の学識が豊富で、退官後、南禅寺塔頭正的院に住み、水南塾を開いて漢学を講義した。明治三十九年六月、大日本武徳会の機関誌『武徳誌』（武徳会誌に先行するもの）が創刊されると、楠正位の署名で三十四回にわたり「武芸講話」（のち武術系統講話と改題）を連載した。大日本武徳会付属の武術教員養成所では文科を担当して武道史を講義するかたわら、武術部監督として生徒の修養を指導した。

一、宮本武蔵に関する著述は氾濫しているが、本書は楠正位がとくに武道家（この場合剣道家）に向かって講義した武蔵という点で他書にない特色がある。そのため剣道家にとって有益な情報が多い。

一、こんかいの刊行にさいしては、読者の便宜をはかって、原文を損わない程度に、文脈を整え、漢字を開き、かなづかいを改め、句読点を施した。（　）内の註はすべて編者による。原文のうち、あきらかに水南老人の誤解あるいは編集上の過失と認められるものについては、訂正した。また、第一回（第一話）から第二十回（第二十話）までの本文に、それぞれ内容をあらわす大小の見出しを付した。

一、水南老人は第七話で寛永御前試合にふれ、その組み合わせなどを紹介している。だが、こんにちでは、寛永御前試合は存在しなかった、というのが共通認識になっている。本書ではこの部分を省いた。

一、水南老人は本書のいくつかの場所で、剣道、剣道家、剣道界ということばをつかっている。この時代に剣道という語彙が用いられていることは、注目してよい。

一、『武徳誌』（明治三十九年六月～四十二年十二月）、『武徳会誌』（明治四十三年一月～四十四年八月）については、株式会社雄松堂出版から復刻版が出版されている。

第一話
宮本武蔵の父新免無二斎京に上る

講話のはじめに述べておくこと

私の「武術系統講話」はひさしく『武徳誌』(明治三十九年—明治四十二年)に連載せられたが、客冬《かくとう》(過ぎし冬)十二月をもって柳生宗冬の小伝を終わったからまず一休みというところだが、『武徳誌』の廃刊にひきつづき(大日本武徳会)本部より会誌を発行することとなっては、責任上まさか休息もしてもおられぬので、かつて武術教員養成所で講演した宮本武蔵の小伝をと思ったが、よく考えると武蔵の事跡は他の武術家よりは比較的よく世に伝わっている。なかんずく『二天記』のごときはもっとも明確である。

しかるに池辺義象君は熊本にある宮本武蔵遺跡顕彰会の嘱託を受けて、宮本武蔵と題する一書を編集せられ、客年、すでに発行になった。その書を閲読するに、『二天記』と『二天記』の異本とを考覈《こうかく》(考え調べてあきらかにする)してそれを経(たていと)とし、顕彰会の収集にかかる材料と同君の閲覧せられた諸書とを緯(よこいと)として編集せられたものと思われ、なかなかにいきとどいて、武蔵の伝においてほとんど遺憾なしといってよい。

しかし、その材料の大半は九州地方にでたもので、武蔵が特殊の愛顧を受けた本多家および同家の家臣で武蔵の教えを受けたものの伝書などは、あまり採録せられておらぬように見える。したがって滄海の遺珠(大海の中に取りのこされた珠)がないともかぎらぬ。

私は黒田家、小笠原家、本多家、有馬家など武蔵に関係ある諸家の伝書遺聞などを調査してみたいと思うが、筆硯(文筆家の仕事)多忙のためそのいとまがない。ただ、以前から抜書しておいたものや、伝聞中確実と信じているものがいくらかある。
　よって武蔵の伝全部を講話する重複を避け、『武蔵伝』（池辺義象編集）について、批評すべき点あるものは批評する、異伝あるものは校異（異同を比較校訂すること）とする、まったく採択せられなかったものは拾遺（拾い補うこと）としてお話しすることにいたしましょう。

　これは私が多きに誇るわけではない。武蔵のごときは、武者修行その他のため足跡ほとんど六十余州にあまねし、というほどであったのだから、私が講話を終わる頃には、またまた隠れている事跡が諸方よりあらわれてくるであろうと思われる。

刀術を愛した将軍足利義輝義昭

　武蔵の伝に入る前に、その父新免武仁《たけひと》すなわち無二斎のことについて、武術家の参考に供する一つの批評がある。それはほかではない、無二斎は家伝の刀術および十手の名人であったため、その評判が時の将軍足利義昭の耳に入り、とくに無二斎を召して足利家の師範役吉岡憲法との試合を命ぜられた。（武術家の参考に供する一つの批評とは）この試合より生じたことである。

　将軍足利義輝、同義昭の二代ともひじょうに刀術を好んで、自身においても修業せられた。それゆえ、その頃、武術の名人が京都にのぼるかまたは京都近傍に住んでいるかすれば、かならず召し寄せてその業前を試した。そうして、業前の優れた者からは教えを受けたとは、当時の刀術家の伝記にかならず見るところで、刀術家の伝記を飾る道具かと思われるほどである。

よっていささか二将軍の境遇を話さねばならぬ。義輝は襲職いらい三好長慶のために苦しめられ、寡兵《かへい》をもって大敵に当たったこともある。その最終の歴史のごとき、二条の武衛陣に建築した新第《しんだい》（新邸）へ移ってまだ表門の扉のできあがらぬところへ、三好三党と松永久秀とに、一千余人の兵をもって襲われた。

義輝は当直ならびに近習の士、同朋を合わせて三十余人をしたがえ、鋒を連ねて大庭に切っていで、大殺一場数十人を討ち取りいったん賊兵を門外へ追いだしたが、とても逃れられぬと覚悟したので、最後の宴を張って主従ともに大盃を傾ける。細川宮内少輔はかたわらにあった女房の衣を打ち掛け一さし舞った。義輝はこれを見てにっことわらい、最後の一さしよくできた、とほめながら、その衣の袖を引き切って辞世の歌を書いた。

そこへ賊兵がすきまもなく籠もり入るので、イザ最後の一戦せむ、とてふたたび三十余人とともに切っていで、奮戦激闘、賊兵二百余人を討ち取ったが、いわゆる多勢に無勢、三十余人は一人ものこらず枕をならべて討ち死にした。だが、義輝はまだ薄手も負わず、近寄る敵を切り倒すので、賊兵はその勇威におそれて近づく者がいなくなった。

義輝もはやこれまでと思ったか、たちまち広縁へかけのぼり、追いくる敵を尻目にかけ身を斜めにして過ぐるところを、いつのまに忍び入ったか池田丹後守の子某は、行く手のほうの扉の陰に待っていて、ふいに起って長刀《なぎなた》を取り延べ義輝の足を刈ったので、さすがの義輝も前にのめった。これを見た賊兵、群りきたって戸障子を義輝の倒れた上へ投げ掛け、その上から数十人が槍をもって突き立て突き立て、ようやくこれを殺したとのことである。

義輝、天性剛勇でもあったろうか、この最後の模様によっても、刀術に達していたことが証明せられる。在職は長いし、刀術に達していたうえに、刀術の名人を延見したり、その教えを受けたりしたということは信用できる。

足利義昭が織田信長に擁立せられて将軍に任ぜられたのは永禄十一年（一五六八）十月で、その後、信長のために河内の若江に放逐せられたのは天正元年（一五七三）の七月である。この足かけ六年満四年余のあいだ、義昭はいかなる境遇にありたるか。

三好三党に襲われたり、信長とともに三党を討ったり、六角、浅倉、浅井が三党を応援して戦争の局面は広くなる。叡山の丸焼けもこのあいだにある。その後、恩人の信長を討たむとして一度は宥恕《ゆうじょ》（寛大な心で許すこと）せられたが、二度目に放逐せられた。これが義昭の将軍中における境遇であって、京都、五畿内、近江などは、ほとんど兵馬の巷であった。

義昭が柳生宗巖を召し抱えむとしたことなどは、当時義昭の手元に武勇の士が乏しかったかと見れば、京都と柳生の地とはわずかに十里を隔つるにすぎないゆえもっとものこととも思われるが、兵馬倥偬《こうそう》（いそがしいさま）、道路の交通も不便のときに、自家の勢力のおよばぬ数十里さきから、ただ刀術の巧拙を試みるがためのみにわざわざ無二斎を召し寄せたとは、義昭なんのいとまあってこのことをなしたるか。私はこれを信ずるに躊躇するのである。

しかし、この試合の話は武蔵の墓誌などにもあって人口に膾炙《かいしゃ》（広く知れわたっていること）しているから、いまさらこれを抹殺するにたるほどの有力な証拠もないが、義昭が将軍中の境遇から推せば、すくなくともわざわざ召し寄せたのではなくて、無二斎が主家または自分の用向きあるいは武者修行のためなどにて、上京したときにあったことならむ。

無二斎御前試合で吉岡憲法に勝つ

吉岡憲法の家は鞍馬流の刀術をもって、世々、室町公方《くぼう》の師範家をつとめ、兵法所と称した。吉岡には前の吉岡と後の吉岡と二家あって、その伝が往々混同せられているように思われる。これは他日、考証してお話しいたしましょうが、ここにいう憲法は前の吉岡である。

また、憲法という名は、こんにちの根本法たる憲法に慣れたひとより見れば異様に感じるが、推古の朝に聖徳太子の起草せられた憲法十七条は群臣にたいする訓示的なもので、こんにちの憲法とは性質からしてちがっている。元弘年中（一三三一—一三三三）北条氏の余党で兵を挙げた中に、笹目憲法と称した僧がある。あるいは佐々目憲房とも書いてあるが、憲法の名は吉岡にはじまったわけでもない。

また、当時の慣用語に「物事をすべ、よくすること」を憲法といい、如法ともいった。憲法とは太子の憲法をよく守るの意からでたものと思われる。さすれば吉岡が憲法を名としたのも、この意味を取ったものであろう。また憲法は号で、憲法斎と称したのだという説もある。

さて、憲法と無二斎とが義昭の前において行なった試合、いわゆる御前試合の模様を明瞭に記したものはないが、双方、木刀であったことは推測することができる。そうしてその勝負のさだめかたは、武蔵の墓誌（武蔵の養子宮本伊織が小倉の手向山に建てた武蔵碑。細川家菩提寺の春山和尚が碑文を撰した）に「限ルニ三度ヲ以テス」とある。この『東鑑』（吾妻鏡。鎌倉幕府の中期までの事蹟を記した歴史書）からやや進歩した当時の漢文は、その意味の明瞭を欠くものが多い。限ルニ三度ヲ以テスとは一度でもよいが三度をこゆることはならぬとの意か、または後世の三本勝負の意か。

　これを解決するには、当時における試合の方法を参照せざるべからず。当時の試合法に二種あり。一は真剣をもってするもの、一は木刀をもってするものである。また、申し合わせによって、一方は真剣をもってし、一方は木刀をもってしたのもある。

　そこで、真剣なればいずれの一方が手を負うてとてもかなわぬと思い「負けた」といえば勝ったほうも刀を引くが、そうでなければ殺し終わるまでやるのである。また、木刀の試合は一本勝負にさだまっておった。それはなにゆえかといえば、こんにちのように稽古道具で身を固めて、打つところも突くところもさだまっておれば、三本勝負でも五本勝負でもさしつかえないが、布をもって後鉢巻《うしろはちまき》をするばかりであるから、木刀でもよくあたれば死ぬこともある。気絶もすれば重傷も負う。あらかじめ三本とさだめるなどということはできるものではない。

　それゆえ、立会人のある場合には死に至るも覚悟の上であるということを記した書を、双方から立会人へ差し出したものである。また、一本勝負とさだまっていても、負けたほうが「まいった」というすきもなく、あるいは息がつまっていわれぬ場合などもあるゆえ、あらかじめ一本と約してかかることもあった。

　しからば、なにゆえに「限ルニ三度ヲ以テス」と書いたかといえば、憲法と無二斎との試合は三本で勝負の決した事跡がある。その事跡についてあらかじめ三本の約束があったものと思って書いたのであろう。なにしろ武術のことに疎い（春山）和尚が事後（試合後）八十余年もたって書いたのだからむりもない。

三本勝負の起源は無二斎対憲法

しかし、その勝負が当時の試合の慣例に反してなにゆえ三本になったかといえば、私の推測では、初太刀は無二斎が勝ったが、憲法は負傷するほどのことはなかった。義昭は憲法の負けたのを残念と思って「いま一本」と命じた。つぎには憲法が勝ったが、無二斎も負傷というほどのことはなかった。双方一本一本となったから、いきおい三本勝負とせねばならぬことになって、ついに無二斎が勝負勝ちをしたのであろう。

私の推測は、当時の慣例に照らして、当を得たものと思う。はたしてしからば、この三本勝負はあらかじめさだめたものではなくて偶然にでたものである。後世、稽古道具をつけて試合するに三本をもって勝負を決することにさだめたのは、その伎倆を試みるに適当の方法たるによるがためではあるが、偶然にもせよ、無二斎と憲法との試合が三本勝負であったうえは、この勝負をもって三本勝負の起源となさねばならぬ。

これ、武術家諸君の牢記（かたく心にとめて忘れないこと）を要することであって、私が前に参考に供するといったのはこのことである。

『武蔵伝』には「武蔵の祖父平田将監は美作《みまさか》国英田郡《のくにあいだごおり》（旧吉野郡）竹山城主新免伊賀守宗貫《むねつら》に仕え下荘村に住した。また新免氏を与えられたのでその子武仁も新免を名のった。新免家は浮田の部下に属した者である。武仁の無二斎はのちに同郡讃甘《さのも》村大字宮本に住し、武蔵もこの地に生まれた者……」としてある。

その考証は平田氏の系譜などにより綿密にできていて、疑いをいれる余地はないようであるが、ただ無二斎および武蔵と黒田家との関係を叙すること、やや簡素なるのうらみがある。

　私が見た伝書には「無二斎は村上源氏赤松持貞の裔《えい》（子孫）田原久光の子で、はじめ宮本無二之助と称し、のち新免氏を継いで無二斎と称した。住所は播磨国揖東郡《いっとうごおり》宮本村で、三木の城主別所小三郎長治《ながはる》に属していたが、十手の名人で二刀流をはじめた。別所家滅亡ののち別所の浪人は多く黒田家に仕えた。無二斎の親族田原六之進、新免伊賀守、山崎茂兵衛などみな黒田家に仕えた。無二斎は黒田官兵衛孝高《よしたか》の弟兵庫助利高の所望により、事あるときは利高に与力することになった。これより無二斎は黒田家に出入りした。その重臣の舟曳刑部《ふなびきぎょうぶ》とはもっとも懇意であった。野口佐助、久野四郎兵衛など多数のひとが無二斎の教えを受けた」ことなどが書いてある。

第二話

武蔵の生涯には後人の創作が混入している

経歴不審武蔵は関ケ原にでていない

黒田家に仕えた人名中には、新免伊賀守の名もある。慶長五年（一六〇〇）、関ケ原に乾坤《けんこん》（天地）を賭した東西の大戦争中に、九州では大友義統《よしむね》が旧領豊後を回復せむと、西軍に応じて旗を揚げた。黒田如水がこれを討たむと一万人の募兵をひっさげてでかけたときに、武蔵は少年ながらこの手に属して功名したと書いてある。

後年、武蔵がまだ細川家の聘《へい》（招くこと）に応じる前、寛永十五年（一六三八）頃には筑前博多に寓居して、その門弟たる黒田家の士小川権太夫の宅に道場を設け、門弟を教えていた。稽古のひまには重臣らと往来する。黒田家には、少時（幼少のとき）無二斎の教えを受けた老人が二、三人生きていて、武蔵のきたのを喜んで懐旧談をしたともある。

また、肥後の士で、のちに武蔵から『五輪書』を伝授せられたという寺尾孫之丞は、武蔵が博多にいた頃、すでに随従して教えを受けていたと書いてある。

『武蔵伝』のように、新免伊賀守が浮田家に属していたので無二斎も浮田家の配下であったというのであれば、武蔵が少年の頃関ケ原の戦いにでたというのも、浮田家に属してのことと認めねばならぬ。したがって、武蔵が黒田如水に属して大友と戦ったことを否認するは当然であるが、関ケ原の戦いにでたというのは、ただでたというのみで、はなはだ漠然である。

かえって、『武蔵伝』には「武蔵がある城乗りのとき先登しけるに」云々《うんぬん》と認めてあるから、この城乗りを一の証拠として考覈《こうかく》するに、浮田が関ケ原の大戦前、城を攻めたのは小早川、島津ら四万余の連合軍で伏見に押し寄せたばかりで、武蔵が先登したことなどはもとよりない。

『武蔵伝』に、その城乗りの地名に疑いを存して福来《ふくき》云々とあり、福来なればしかとは調査せぬが、二豊（豊前、豊後）のうちと思う。さすれば、その先登は黒田如水に属したものと見るが当然であって、関ケ原の戦いにはでなかったということになる。

武蔵碑文に「石田治部少輔謀反之時或於摂州大坂秀頼公兵乱時武蔵勇功佳名」云々とあるが、東西いずれの手に属したとも書いてない。もし両度とも西軍に属したものとせむか。いかに当時の浪人が勝手に身を処したにもせよ、戦後、当分は徳川家にはばかって身をひそめたものである。

なかんずく、大坂に籠城したものは、落城後は潜伏しておった。しかるに、武蔵には毫《ごう》も（いささかも）それらの形跡のないのみか、かえって徳川家およびその親藩または譜代大名と称する者に、親近した形跡が見える。武蔵のような剣術の名人の伝を書して、名高い戦いにはそのひとをだして見とうなるが人情であるから、関ケ原、大坂ともに後人のつけ加えたものかも知れぬ。

武蔵のルーツ新免家の主家滅亡と変転

新免が浮田家滅亡ののち黒田家に仕えたことは『武蔵伝』にも認めてあるが、この新免を伊賀守宗貫とすれば、無二斎の父将監を召し抱えたひとで、無二斎より年上でなければならぬ。そのひとが浮田家滅亡ののちまでも生存したとすれば、二本杖のヨイヨイで、仕を求むる年でもなければ、黒田家で召し抱えるはずもない。その子孫とすれば、関ケ原戦後に黒田家が新免の一族およびその家臣までも召し抱えた縁故がわからぬ。

また、『武蔵伝』に参考にせられた新免家の家老の一人であったという井戸亀右衛門は、関ケ原役前に赤松左兵衛部下の物頭となって、田辺攻めのとき寄せ手のうちにいたとある。もし、新免が浮田に属していたとすれば、新免の家老たる井戸は、主人とともに、伏見落城からただちに関ケ原に往かねばならぬ。田辺の城攻めに加わるわけがない。まして、他家の物頭となっているなどということは、なおさらないはずである。

これによっても、新免家はその以前、ほとんど退転の運命に遭って、自分は黒田家に仕えたが、その家人は浪人して他家に仕えた者も多かったと見られるのである。元来、新免のような小家は、戦国のときには独立ができぬので、朝《あした》に浮田家に属し、暮《ゆうべ》に別所家に属するがごときことは、あやしむにたらぬのである。

私の見た伝書には、前にもちょっと話したとおり、別所家滅亡ののち黒田家に仕えた無二斎の親族の中に、新免伊賀守の名もある。この伊賀守は宗貫の子ででもあるか分明ではないが、よし宗貫としても、関ケ原の役よりは二十年も前のことだから、さほどの高年でもあるまいと推測せられる。

また、黒田家は代々播州姫路を領していたが、官兵衛孝高からは姫路を羽柴秀吉に譲って宍粟郡をもらっていた。とくに孝高は秀吉に属してしばしば備前美作の間に戦い大功を樹て、三木の城攻めにも加わったひとだから、新免がその頃別所に属していたとすれば、別所滅亡ののち黒田家に仕えたと見るには立派な縁故がある。

のみならず、武蔵自身も播州のひとだといい、播州には親族も多い。このことはのちに説くが、武蔵の養子伊織も播州の親族の子である。されば、この間にはまだ十分審査するだけの余地が存していると思われる。『武蔵伝』に引用せられた『新免家侍覚書』というものは、私はまだ見ないが、私の見た伝書も武蔵の門弟の直話であったり、また武蔵の死後五十年ばかりを経てからではあるが、その流儀を継承した者がわざわざ播州にいって、武蔵の親族について調査したものであったりするゆえ、多少の事実はあると思う。それゆえ、いまいっそう精査したならば、『武蔵伝』とたがいにあい発揮して、大部分は一致するであろうと思うが、すりこぎ同様に多方面に筆を使うので、そのひまがない。

二刀流は武蔵の父無二斎が開発した

武蔵が二刀をつかうことを発明した動機については、種々の説があって一致せぬ。『武蔵伝』には碑文などによって「父無二斎が十手の術に長じていたから、その術を学んで十手の利が一刀に倍することを知った。されど十手は常にたずさえるものではない。二刀は武士の常に腰間に佩《お》ぶところのものである。十手の術を二刀に移さば、もっとも利があるであろうとの考えより、二刀の術を発明したのだ」とある。まず、これがふつうの説であって、発明の理由もそなわっている。

また、『武蔵伝』には参考に『東作誌』を引いて、「武蔵幼年の頃、荒牧の神社に遊び太鼓を撃つを見たさい、二本の枹《ばち》で撃つに左右の音が同じように発するところから感悟（感じさとること）して、十手を二刀に替えた。最初の稽古には、空室に杵《きね》を吊っておいて、その杵を撃って練習した」とあるが、この話も十手が元になっている。

しかし、杵を吊っておいて撃つのは、あまり練習の効はあるまいと思われる。古人の独習法は、たいがい細い丸竹または木の梢を三尺余に切って、八本乃至《ないし》十本を間合を隔てて丸形または四角に天井より釣り下げ、その高さはひとが立って肩から一尺余も下がるくらいにしておき、木刀を執ってその竹なり木なりを撃ちながら真ん中にはいって、四方八方よりその末（物の端の部分）の揺れてくるのを、少しも身に触らぬように撃ち退け、払い除けるのである。これはなかなか効能がある。

イヤ、話が少々脇道へはいった。私の見た書には「ある夏、武蔵が備後の鞆《とも》の津にいたとき、ひじょうの旱魃《かんばつ》で、隣村と引水のことで争いが起こった。双方入り乱れて棒や竹の切れで打ち合ったが、鞆のほうが負け色に見えるので、宿の亭主が馳せ帰って、武蔵に加勢をたのんだ。声に応じて立ち上がった武蔵は、木刀をひっさげてかけだしたが、相手を追い散らせばよい、殺すにはおよばぬのだから、浜辺にでると櫂《かい》の小さく折れたのがあったので、それを拾って左の手に持ち、多勢の中へ割って入り、左の手で敵の打ってくるのを受け止め、または払い除け、右の手の木刀でたたきふせたが、左の櫂が思いのほか用に立った。そこで二刀のくふうをはじめた」とある。

この話は二刀の理に適《かな》っているが、十手にはは縁がない。そのほかにもまだあるが、あまり信用もできぬからやめにする。私の見た伝書には、前にちょっと話したとおり、無二斎がすでに二刀をはじめたとあって、それが事実かと思われる。

なぜかといえば、元来、無二斎は刀術の名人で、吉岡憲法に勝ったほどである。また、十手の術に達していたことも疑いない。しかるに、この十手の術は捕り物に使用するためにできたもので、後世、捕吏の専用となった。捕吏の身分が卑しいので、したがって十手そのものも、卑しいものとの感想を起こさせるようになった。

もっとも、無二斎の時代にはさようのことはなかったであろうが、とにかく武士が常用すべき武器ではない。無二斎すでに十手の術に達したうえは、これを大小の二刀に応用して利益があるくらいの考えは、起こったであろう。

とくに矢を防ぐためにもせよ、新田義貞が求《もとめ》塚《づか》で両刀をふるった前例もある。それゆえ、無二斎が二刀の使用を修練したことはあり得べきことと信ぜられるから、私は無二斎が二刀の術をはじめたとの説を採用する。しかし、無二斎は十手を二本の木刀に応用して見たくらいのことで、二刀流の端緒を開いたにとどまり、それに研究を加えて、ついに二刀一流（二天一流）

という流儀を立てるにいたったのは、武蔵である。

第三話

東軍流三宅軍兵衛との試合はこう展開した

播州姫路城下武蔵に挑んだ東軍流の達者

この講話は、年月の順序を追うわけではない。前に述べたとおり、批評もあり、校異もあり、また拾遺もある。批評や校異がつづくとあくびを買うようになるから、このへんで一番、眠気ざましに拾遺として、『武蔵伝』にない試合の話を一ついたしましょう。

諸君ご承知の近古徳川氏創業の功臣と呼ばれ、武勇知略をもって聳動《しょうどう》（おそれおののくこと）した本多中務《なかつかさ》大輔忠勝の嫡子に、美濃守忠政というひとがあった。これもまた父に似た武勇のひとで十六歳の初陣からしばしば戦功をたてた。

この忠政は元和三年（一六一七）に播州姫路の城主になった。武蔵は姫路に門弟が多いので、ときどききてはながく滞留して、門弟を取り立てた。忠政これを聞き、武蔵を招待して、技術を見たりその説を聴いたりして深く感服したので、客分の取り扱いでたびたび延見した。

忠政の嫡子忠刻《ただとき》は父にさきだって没したが、忠政も元和八年（一六二二）に卒去した。忠刻には男の子がなかったので、忠政の二男政朝が忠政の家督を相続することになって、元和八年に姫路に入部した。この政朝は甲斐守と称し、父祖の知勇に似て、少年のときに戦功もあった。

これより前に、政朝の叔父で武勇絶倫と呼ばれた出雲守忠朝は、大坂夏の陣のとき戦死して、その子の入道丸がそのときまだ二歳であったゆえ、政朝はいったん忠朝の遺跡（死後の領地財産）を相続したが、いままた、本家を相続することになったのである。

しかし、入道丸の領地をもあわせて支配しておるから、その家来も随従してきた者が多い。本家の家来は忠政が武蔵を客分に取り扱ったことも知っているし、武蔵の門に入って教えを受けている者もたくさんあるので、だれ一人武蔵を侮るような者はいないが、入道丸付きの家来であらたに姫路にきた者は、武蔵の伎倆を知らぬ。姫路にきてみると武蔵の評判が高いから、一番、武蔵をウンといわせて、その鼻をへし折ってやろうという反対者ができた。

そのひとびとはだれかといえば、三宅軍兵衛、市川江左右衛門、矢野弥平治、ほかに一人。この一人の名は伝わっておらぬが、つごう四人である。このうち三宅軍兵衛は数度の戦場を経て本多家では名を知られているうえに東軍流の奥義をきわめていて、荒木流捕手術の名人。躯幹長大、ほとんど六尺に近い究竟《くっきょう》の勇士である。

この四人があるとき打ち寄って武芸の話をしているうちに、軍兵衛がいうには、

「おのおのがたも聞かれたであろう。当城下に宮本武蔵という二刀を使う者がいて、それが無双の使い手だというので、家中のうちにその門弟になったひとも多いという評判である。じつに片腹痛い話ではないか。おたがいの腕にかけりゃなんでもない。いつかおしかけて、さんざんにうちのめしてやろうではないか」

三人の者は口をそろえて、

「それは近頃一興である。いつでもでかける」

相談は即座に一決した。

昂然と出現した武蔵の挑発

そこで四人は日をさだめて軍兵衛の宅に落ち合い、いずれも三尺の秋水（よく研ぎすました刀）を横たえ、大手をふりふり、大道狭しと武蔵の宿所にいき、破鐘《われがね》のような声で案内を請《こ》う

た。すると、十二、三歳とも思われる色の白い小姓ふうのなりをしたきれいな少年がでてきて、一行の来意を聞き奥に入ったが、ふたたびでてきて「イザ」とて座敷に招じ入れた。

三宅軍兵衛ら四人は次の間に刀と木刀とをおき、十四畳敷きの奥の間に通って、軍兵衛を首座に一同ずらりと居流れた。一人名前のわからぬ男は、軍兵衛の弟子同様であるから、木刀二柄を持ってきたのである。軍兵衛らはこれまで武蔵に会ったことがない。もとより容貌、体格も知らねば、試合ぶりも知らぬ。それゆえ、めいめい胸中に空想を描いていたであろう。

しばらくすると、腰手より座敷へかよう細廊下から、ずっ、と武蔵がでた。そのいでたちをざっと話せばこうだ。身に鎧直垂《よろいひたたれ》のような胴服を着て、鶉《うずら》巻きの染めだした藍色の革袴をはき、六尺もあろうかと思われる偉大の体格、左右に荒れたほほひげの中にかかった双星（両眼）は、らんらんとして人を射る。長短二柄の木刀をたずさえ、威風颯爽《さっそう》、あたりを払って四人の前に昂然と突っ立ったのである。

ここでちょっと断わっておくが、武蔵の眼は常に黄色を帯びて、試合のときは眼を細めたということである。

これを見た軍兵衛らがぎょっとしてあいさつしようとするのを、武蔵はおしとどめた。

「アア、たがいのあいさつはあとにいたそう。おのおのがた、こんにち参られたは剣術試合のご所望であろう。イザ、すぐに立ち合い申そう。ご一同にてもお一人ずつにてもお望みしだい」

いわれて軍兵衛らは腹を立てた。そこで軍兵衛が、

「イヤ、未熟ながらいささか覚えもあります。四人一同にてかかるような卑怯な振る舞いはいたさぬ。三宅軍兵衛よりまずお立ち合いを願いましょう」

と、次の間との境の襖《ふすま》をあけて木刀を取り出そうとしたとき、武蔵は次の間にたてかけてある三尺余の朱鞘の刀に目をつけた。

「木刀よりはそこに立派なお刀がある。それでお立ち合いなさい。こちらでは真剣でもなんでもかまわぬ」

と、いかにも嘲弄するような口調ではあるが、しかし、神色（心と顔色）自若として音吐朗々、少しも頓着せぬありさまには、三人はもちろん軍兵衛もまた少し気を呑まれた。

軍兵衛はわざと平気を装い、

「イヤ、木刀もまた真剣と同様でござる」

と、座敷にかえり、

「さらば、お立ち合いねがう」

と、大木刀を執って立ち上がった。

双方七尺ばかりを隔てて相対した。軍兵衛、これまた一個の偉丈夫、躯幹の長大は武蔵に比して遜色はない。面色は銅をあざむき、両頬のひげは雲の渦巻きと同様、円眼巨口、双臂（両腕）に千斤の力を蓄えるを思わせ、刀術は多年錬磨して一流の蘊奥《うんおう》を究めている。しばしば戦場を経て、実地の心得はある。

遠間で進退の自由を得る真剣勝負の心得

事ここに至っては、ただ一撃一刺のもとに長鯨を倒すの決心である。その決心は双眉のあいだにあらわれ、全身の勇気を鼓して相手をにらみつけた。いまや、この十四畳の座敷に一大風雲を巻き起こし、閃電疾雷、いかなる竜闘を現出するかと、三人の者は次の間に下がって、汗をにぎり固唾《かたず》をのんで見つめている。

そのとき武蔵はたちまちするすると後へすさ

り、戸口の隅に立ちどまった。軍兵衛はすかさず追い込むかと思いのほか、これもまたするすると後に下がって、庭を見はらす障子《しょうじ》のところにとどまった。双方、座敷の隅と隅とに足場をさだめたから、そのあいだはひじょうに遠くなった。

真剣勝負の実地を見たことのないひとには、なにゆえかく双方が遠く引き離れたかとの疑いが起こるであろう。ついでだから、ここで説明しておく。そもそもこの試合は木刀ではあるが、前にも述べたとおりの理由で、真剣勝負と選ぶところはない。元来、真剣勝負はなるべく遠いところから間合をつくるもので、いまの稽古のときのように、双方が接近して立つものではない。いまの稽古のときでも、立ち上がるとともに双方が一足ずつ下がることになっている。それでやや間合が取れるのである。

もっとも、真剣勝負でも刀術に熟せぬひととと熟せぬひととの勝負は、間合を取ることを知らぬのと気が逆上しているのとで、接近して相対するものであるが、それでも太刀先三尺ぐらいは離れていて、ときどき双方が寄せ合わせても神経が承知せぬので、思いきったことはできぬ。わずかに刃先が二、三寸乃至五、六寸合うぐらいにとどまる。

刀術に熟したひとと熟したひととの勝負は、距離が遠いところから間合をつくって進退を自由にし、一刺一撃のあいだに勝ちを制せむとするもので、たびたび打ち合い突き合うなどということは、ほとんど不可能である。もっとも、刀術に熟したひとでも、遠間を取ることのできぬ場所か、とっさのあいだに機先を制するというような場合は格別であるが、尋常に勝負を決せむとするときには、遠いところより間をつくるのがふつうである。

武蔵と軍兵衛とがたがいに遠く引き離れたのも、それから間合を取って寄せ合わせるためである。もし、武蔵が後へ下がったとき、軍兵衛が追い込もうとしたならば、武蔵は間が取れて軍兵衛は間が取れぬゆえ、軍兵衛が負けになるにきまっている。

これぞ見切り空を打った軍兵衛の三本

それより武蔵は、長短の木刀を円極（合掌ともいう）に組み合わせて、じりじりと進む。軍兵衛は上段に執って、これまた爪先より寄せ合わせると、武蔵は太刀先を軍兵衛の鼻の先へ突きつけるようにして、いかにも侮ったさまに見えるので、もとより火性の軍兵衛かっと怒り、東軍流の拝み打ちというので、力を極めて、真っ向へ打ちおろした。

武蔵はさわがず、二刀を分けて軍兵衛の木刀をはずし、たちまち上より組み合わせて軍兵衛の木刀を抑えながら、一足下がった。軍兵衛は抑えられた太刀を引きはずすや否や、すかさず踊り込んでまた打ったが、武蔵は苦もなくその太刀をはずし、二刀を上より組み合わせて前と同じように抑えつつ、一足下がった。

武蔵はおいおい下がって、いまは戸口と武蔵とのあいだが三、四尺とも思われるほどになった。これを見た軍兵衛は、心に喜んだ。こんどは逃さぬぞ、と抑えられた太刀をはずして上段にふりかぶり、しばらく呼吸をはかっていたが、たちまち大喝一声、鉄壁も砕く勢いをもって打ちおろした。

武蔵は平然としている。その胸先へ木刀はむなしく落ちた。軍兵衛は十分当たると信じて打ち込んだ太刀が三本とも空を打ったのみか、武蔵は落ち着き払っているので、いかにもふしぎにたえぬのであるが、さりとてその解釈は求めておられぬ。いまは最後の手段を取るよりほかないと決心した。

軍兵衛の最後の手段とはなんであるか。かれは前にも述べたとおり、荒木流捕物術の名人無心斎の高足弟子で、入り身の術に達しているから、武蔵の後ろに余地のないのをさいわいに、捨て身の突きを用いようと決心したのである。そこで軍兵衛は、太刀を中段につけてしばらく透《す》きを待っていたが、武蔵ほどの名人に目に見える透きのあるべきはずはない。

ただ、武蔵の引く息をうかがって心身一致、打たれる覚悟で「オッ」とおめいて、電光のごとく飛び込んで諸手突きに突いた。武蔵は自分の後ろに余地のないまでに軍兵衛を誘ってきたのであるから、かれが中段につけたときにすでに用意がある。そのはげしい捨て身の突きを、左の手の小太刀の柄で撥ね除けるとともに、「むりなり」といいながら、右の手の太刀で軍兵衛の左の頬を突いた。

軍兵衛は「アッ」と叫ぶとともに仰向けに倒れた。鮮血は淋漓《りんり》としてほとばしる。次の間にいた三人はおどろいてかけよる。武蔵はしずかに自分の太刀と軍兵衛の太刀とを片寄せながら、「ナニ、さしたる傷ではない。まず傷口を押えて血をお止めなさい。いま薬を進ぜる」

とて、薬と木綿とを持ってきて与えておき、そのままちょっと座敷をでた。

そのうちに傷の手当てもできたが、他の三人の者は、たのみきった軍兵衛が自由に取り扱われたのを見ては、もはや立ち合いを求める勇気はない。そこで四人が相談をすましたところへ、武蔵が悠然としてでてくる。つづいて、少年が茶を持ってきた。

「騒ぐ」と「怒る」は見切りの障りである

軍兵衛はうやうやしく手をついて、

「さて、先生へありていのことをお話しいたします。われわれ四人が先般当地へ参りますと、先生のご高名をうけたまわりました。しかし、われわれ四人もこれまでいくらか武芸の修業をいたしたので、ただ聞き怖じ（聞くだけで怖じ気づく）をするのは残念である。いかに高名な先生でも、四人の者が参れば一本ぐらい打ち込めぬこともあるまい、と思ってお立ち会いをねがいましたが、じつに世間のことわざのとおり、井の中の蛙《かわず》大海を知らず、でいまさら未熟の芸を誇ったことを恥入りました。こんにちただいま、前非を悔いておわびをいたします。無礼の段はご容赦《ようしゃ》くだされ。向後《こうご》、われわれ四人をご門弟の末におかれて、ご指南のほどをねがいます」

と、まごころ面にあらわしてたのめば、三人の者もいちいち姓名を告げてともどもたのんだので、武蔵は快くうちわらい、

「イヤ、武芸は勝ち気がなければ上達せぬ。勝ち気はいくらでも多いほどよいが、その勝ち気からひとを侮り、無礼に流れて士《さむらい》の作法を忘れるようになってはならぬ。こんにち私があいさつもせず試合を求めたので、おのおのがたは無礼なしかたと思われたであろうが、おのおのがたの申し込みが士の作法に欠けておると見たから、こちらもわざとその上にでて、おのおのがたを試したのである。ほかのかたは知らぬが、軍兵衛殿は業前も上達している。たびたび戦場も往来せられたものと見えて、決心すべきときに決心できる。勇士として立派なものであるが、ただ、ふいなことに出会うと心が騒ぐ、侮られるとすぐに怒る、という欠け目がある。この騒

ぐと怒るの二つがあるうちは、相手の業前を見切ることができぬから、そこはいま一《ひと》修業せられねばなるまい」

と、諭《さと》した。諭されて軍兵衛深く感服した。

よって、四人はあらためて入門のことをたのみおき、きたときの粗暴の振る舞いとはうってかわり、いずれも礼儀正しく暇乞いしてたち帰ったが、その翌日、束修（入門のさいの贈り物）を行なって、門弟となった。

軍兵衛がのちにこの日の試合のことをひとに語ったとて、その話が子孫に伝えられている。それはこうである。

「大坂夏の陣のとき、故殿（本多出雲守忠朝）のお供で出陣したが、その日は城がたの真田をはじめ毛利も武田も、最後の一戦というのでみな思いきって討ってでた。寄せ手もご当家はもちろん越前様も小笠原殿も、ことごとく必死の覚悟でお進みなされたので、両陣おいおい近づいたときは、ただ人と馬の足音が聞こえるばかり。しん、とした中に殺気が立つようで、なんとのうものすごい心地がした。それから一度にどっと鬨《とき》をつくって双槍《もろやり》を合わせ、私は一番槍を入れたうえにずいぶん働いてふしぎに生きのこった一人だが、宮本先生へ試合を申し込んで座敷で待っていると、そこへ先生が二刀をたずさえて戸口からでてきて、ことばをかけられたときには大坂夏の陣の槍前よりはいっそうものすごく覚え、一時茫然として気後れがした。先生の業前は申すまでもないが、いったい先生には天性の威風がそなわっていて、たいがいのひとは太刀を執って向かい合ったときに、すでに気をのまれてしまうのである」

と。この話によっても、武蔵当年の風貌が想像せられる。

第四話
武蔵が門弟に説いた刀術修業の心構え

赤壁屋の道意武蔵に修業の心得を聞く

きょうは武蔵が門弟に刀術の心得をしめした話を紹介する。これは武蔵の直門または孫弟子などの書いたものによるのはもちろんであるが、当時は文運が開けなかったため、こんにちより見れば、文学専門家の書いたものでも立派なものはほとんどない。まして、武芸を専門としたひとが書いたのであるから、趣味（物事から感じ取られるおもむき）などはさておき、達意さえおぼつかないのが多い。

それゆえ、その書の本意を把定《はてい》（把握）したるうえは、節略（省略）したり敷揚《ふよう》（広めあらわす）したりして、わかりやすいように組み立てて話します。そのつもりで聞いてください。また、その話は『武蔵伝』や『二天記』にないもので、かつ二天一流にかぎらずすべての刀術の真理に関するものを選択したゆえ、何流の刀術を修むるひとにも参考になるのである。

播州姫路の城下に、赤壁屋、と呼ばれる家があった。その苗字は松井といったように思われるが、明白でない。主人は名を道斎と称した。道斎は能楽に堪能で、また、抹茶の道をも究め、それらの道をひとに教えたり、能装束や茶器などを売買するを職業としていたが、相応の資産があったものと見えて、なかなか手広い風雅な家に住居《すまい》した。その家が内外とも赤壁であったから、世間のひとは赤壁屋と称したのである。

武蔵は能楽を好み、茶事《さじ》の数寄者でもあったので、しぜん道斎と懇意になった。武蔵がはじめ姫路に住居した頃には家を持っていたであろうが、その後は常住もせねば、妻子もない。ただ門弟が一、二人随従しているくらいのことゆえ、姫路へきても親族または門弟の家にいるを常とした。

道斎は武蔵崇拝者の一人で、武蔵と懇意となったのちは、武蔵がくるとおのれの家に滞留させて、倅《せがれ》の道意をもって、武蔵の手回りの用向きを足させた。そこで道意も武蔵が好きになって、十二、三歳の頃より武蔵の教えを受けた。

道意が少し刀術がわかるようになったとき、武蔵に向かい、兵法はいかなる心得にて修業すれば上手になることができるか、と問うた。ちょっと注意しておくが、こんにち刀術または剣術と称するを、維新前までは多く兵法と称したので、これは中古いらいの呼称である。

武蔵、問う。

「貴様、そこの畳と畳とのあいだにある敷居を、右からでも左からでもよいが、畳へ足のかからぬようにして、一間ばかりを渡ることができるか」

道意、答える。

「それはできると思います」

「しからばその敷居を一間ばかり空に吊り上げても、畳のあいだにあると同様に渡り得るか」

「そう高く吊り上げては渡れるか渡れぬか知れませぬ」

「されば三尺幅の板を一間ばかり吊り上げたならば、畳のあいだの敷居と同様に渡り得るか」

「三尺も幅があればきっと渡ることができます」

「この姫路の城と増位山とのあいだが差し渡しおよそ一里もあるであろうが、城の天守から増位山の天辺《てっぺん》まで三尺の板をもって手摺《てすり》のない橋を架けたら、一間ばかり吊り上げた板と同様にその橋が渡れるか」

「イヤ、それはとても渡れますまい」

そこで武蔵がいうには――

幅三尺の板の教え心と業前を一致させよ

武蔵の話　兵法の修業はその道理からわりだせばよいのである。畳のあいだの敷居は、踏み外したとて転ぶ気づかいもなければ落ちる気づかいもないので、幅は狭いけれども安心して渡れるが、一間ばかりも吊り上げると、幅が狭いゆえ落ちる気づかいが生じる。落ちれば怪我をせぬともかぎらぬから、足に震えが生じて渡れぬのである。

それが三尺幅の板となれば、まず、落ちることはないと安心する。そう安心すると、つぎには、たとえ落ちても一間の高さぐらいではさしたる怪我もあるまい、と心に見切りがつくゆえ、足に震えも生ぜぬ。すべて安心という落ち着きより、つぎの見切りが生ずるのである。

しかるに、天守から増位山の天辺では、その高いところへ上がっただけでも眩暈《めまい》がするくらいである。それに道程が一里もあっては、ちょっと風が吹いても足が滑っても落ちる気づかいが生ずる。落ちれば死ぬにきまっているので、臆病になるのである。

それゆえ、兵法は試合の数を重ねてあやういことに慣れるようにするのが第一である。かの大工が家を建てるに、高い所の桁《けた》や梁《はり》を小唄をうたいながらへいきで渡っているのも慣れたからである。

しかし、大工はただ慣れて怖じ気が起こらぬだけで、一足踏み外せば落ちて死ぬか大怪我をするか、そのとき逃れる術はないのだから、思うて見ればじつにあやういことである。もっとも、大工にも高い所を渡るには足踏みなどの心得かたはあるようであるが、それは術というほどのことではない。

兵法も慣れるということが大事であるが、大工のようにただ慣れるだけで、一足踏み外せばその後は死ぬも生きるも天運しだい、というようなことではならぬ。兵法の慣れるというのは、心と業前と一致させることである。心と業前を一致させるのは、心を始終落ち着けて、あわてずさわがずして、業を働かせるのである。

その心の落ち着くように、動く心を静めていくのはなかなかたやすいことではないが、始終心がけていくうちには、しぜんに落ち着きができてくる。落ち着いた心で相手の業前を見れば、鏡でもののかたちを写すと同様に、相手の心を読むことができる。したがって、進退のかけひきが自由であるから、あやうい場合もあやうくないようになる。

もし、心を外にしてひたすら業前ばかりに慣れるときは、おのれより下手な相手には勝つこともできるが、それさえときどき思わぬ不覚を取ることがある。まして、少し手強い相手に出会うときは臆病気が生じて、平生《へいぜい》慣れた業さえできぬものである。

それゆえ、兵法の修業は、最初のうちは相手に向かってもさほどあやうい心は起こらぬ。これは心の落ち着きがないから相手の業前が見えぬゆえである。少し落ち着きができると、そのできたぶんだけ、相手の業前が見えてくるので、あやうい心持ちが増してくる。だんだん修業が進めば進むほど、ますますあやうくなってきて、なぜこう臆病であろうかと、自分で自分の心を疑うまでに至るが、それは落ち着きができて相手の業前が見えすくゆえ、大事に大事を取るからである。

そこをグッと落ち着けてゆくと、そのうちに心が十分練れてきて従来とはようすがガラリと変わり、雲霧が晴れて青天を見るように、いかなる相手に出会っても少しもあやうい気がなくなってくる。これがいわゆる豁然《かつぜん》貫通して上手の位に進んだのである。

前にたとえに引いた畳のあいだの敷居を渡るのでも、落ちる気づかいがないと安心しただけでは、その敷居を一間ばかりを吊り上げると落ちる恐れがあるゆえ渡りにくい。しかし、それも一間より二間、二間より三間とだんだん高い所を渡り慣れると、大工のように高い所で仕事をするようにもなれるが、それはただ慣れただけで、道理のうえより落ちぬ修業をしたのではない。

いったい高い所へ上がって足が震えるというのは、落ちるという恐ろしさのために、心が動く気がのぼせる、からである。心が落ち着けるとともに足踏みの修業をして、それが十分にできたうえは、百丈の高いところで三尺の橋を渡るも、けっして橋を踏み外すようなことはないものである。

この道理を会得して、心の落ち着きを第一に修業するが兵法唯一の道である。

——と、武蔵に教えられたので、道意はその教えを守って修業したとのことである。

武蔵が与えた謎太刀を執って幽霊になれ

前回に武蔵との試合をお話しした本多家の士三宅軍兵衛が隠居して、その嫡子が父の名を継ぎ、軍兵衛と称した。すなわち二代目の軍兵衛である。この軍兵衛の話に——

父軍兵衛は宮本先生の門弟であったから、姫路にいた頃にはときどき先生が私の宅においでになって、私も兵法の形を教えていただいた。その頃、私は十四歳であった。

ある日、先生と父と形を合わせせられるのを見ていた。それが終わって、先生が座敷へ帰られたので茶を持ってでると、先生が「まずそこへ坐れ」と仰せられるので「ハイ」といって坐った。すると先生が、

「貴様はことし十四であるが、戦国のひとは貴様ぐらいの年齢で初陣にでて、立派な功名をしたひとがたくさんある。ご親父《しんぷ》でもおれでも、若いときから真剣勝負をたびたびやったものだ。世の中は太平になったにしても、武士の家に生まれた者は兵法をよく修業しておかねばならぬ。さりとて、いまここで兵法の心得をくわしく話して聞かせたところで、まだ貴様にその話の意味を会得するほどの力がないゆえきょうは話さぬが、おれは近日旅にでるから、また貴様にいつ会うかわからぬゆえ、ちょっと一口だけ話しておく。真剣勝負はもちろん試合にしても、太刀を執って相手に向かったときは、自身は幽霊になるのである。これが兵法の極意で、いまはわからぬがおいおい修業をするとわかってくるから、平生、このことばを忘れぬようにして、その意味を考えておけ。この後会ったときに、貴様の考えを聞く」

といって、まもなく発足せられた。

その後、父にそのことを話したら、

「それはなかなか難題である。意味はわかっても幽霊になるのがむつかしい。おれもまだ十分に幽霊になりきることができぬ。そのほうがそのことをわかりかけるまでには、怠らず修業をしても七、八年後のことだ。しかし、よい修業の種をもらった。十分気をつけて、その意味の腹に入るまでやって見よ。この後先生に会ったとき、いいがいがないとわらわれぬようにせよ」

と、いわれた。

その後、父よりも教えを受け、父の友である同流のひとからも教えを受け、一心不乱に修業して、おいおい他流試合もした。そのあいだ、たえず幽霊の意味を考えたがなかなかわからなかった。しかるに十九の年になって、少しその意味がわかりかけたような心地がした。

そのうち殿より「兵法のたしなみある者五人江戸へ送れ」とのことで、その人数に選ばれて出府した。ところが、さいわいのことには、先生も用向きのため出府せられて、松平出羽守様のお屋敷においでなさると聞いたから、さっそくいってお目にかかった。

先生もたいそうお喜びくださって、種々お話のすえ、「さて、先年、幽霊になれと教えておいたが、もう幽霊になれるか」と、問われたので
――

イヤ、アノ頃よりは成長しまして、ごらんのとおり、からだも親父に似てまいりましたから、とても急に幽霊になれそうにございませぬ。しかし先生の、幽霊になれ、との仰せは勝負のときだけであるゆえ、なんとかくふうがいたしたい。それにはまず、幽霊がいかなるものか吟味してみるが近道と思いまして、その吟味にかかりました。

第一に幽霊は形のあるものかないものかといえば、形はあるもののようであるが、捕えることもできねば、撃っても突いても傷のつくものでない。また、心のあるものかといえば、呼んでも答えもせねば追っても去りもせぬ。つまるところ、空に帰するようであります。

さすれば、幽霊になれとはいかが。われ、五尺のからだを空にすることはできようがないから、そのからだを支配する心を、有れども無きがごとくして、空と同様にするのであろうと考

えました。

されど、真剣勝負はもちろん試合にしても、十分に気を配るには心がいま一つもほしいくらいであるのに、それを空と同様にするにはなんのためであるか。よし、それは空と同様にするがよいにもせよ、その空と同様にするしかたはいかに。この二つがわかりませぬので、まだ幽霊にはなれませぬ。

もっとも、幽霊にならねばならぬ道理がわかりますれば、したがって幽霊になるしかたもわかるであろうと思いますが、その道理がわからぬので迷っております。このうえは先生のご指南を受けるよりほかには道がないと思っておりましたところ、さいわいに先生にお目にかかることを得たのは、まことにしあわせでございます。

なにとぞ、こんどは明白におしめしをねがいます。

――と、いった。

空になれ心が形に表われなければ勝つ

すると、先生にっことわらって――

イヤ、たいせつな事柄は苦しんで覚えぬと身にしみぬものゆえ謎をかけておいたのであるが、若いに似合わぬ、なかなかよく吟味ができた。

幽霊は空ということに相違ない。そこまで吟味ができたうえは、なにゆえに空にならねばならぬか、空になるにはいかなるしかたによるかということも、わからねばならぬはずであるが、それはまだ、あやうい試合の数がかからぬのと、試合のときに勝とう勝とうとする気が先に立つゆえ、幽霊の入り用がわからぬのである。

いま教えるから、よく覚えておきなさい。

なにゆえ空にならねばならぬかといえば、われに心があれば、その身構えによっても相手はわが心を知る、目の付けかたによってもまた、相手はわが心を知る。少しでも心が形にあらわれるときは、相手は十分に注意するゆえ、こちらの付け込む透きがなくなる。透きがなければ、勝ちを取ることができぬ。

しかるにこちらが空であれば、その心が形にあらわれぬ。形にあらわねば、相手はこちらの心を知ることができぬ。心を知ることができねば、相手は迷いを生ずる。迷いを生ずれば、勇気が挫ける。ゆえに相手が迷いを生じたときは、こちらはすでに勝つべき地を占めて、相手はすでに負くべき地に陥《おちい》っているのである。

しかし、五尺のからだを隠すことができぬのは、貴様のいうとおりである。また、その五体を指図する心を取り除けることのできぬはもちろん、取り除ける所をもっともよく働かせねばならぬ。されど、その心が形にあらわれねば、空と同様である。幽霊になれ、とはここのことだ。

しからば、心の形にあらわれぬようするは、いかが。口でいえば、なんでもない。ただ心を落ち着けて、いかなることにも心を動かさぬようするばかりである。この心の落ち着きをつくるには、種々しかたもあるが、兵法でいえば、はじめは勝負に頓着せず、ただ心が落ち着いているか浮いているかということに気をつけ、少しでも浮いていたらこれではならぬと気をつけて、おし静めるようにするのが一番の肝要だ。

元来、むりな撃ちをだしたりむりな突きをだしたりするのは、心が浮いていて、手先で業をしようと思うから起こるので、それが思うようにできればよいが、よほど下手な者に向かったときでなければできぬ。それができぬと相手に透きをあたえて、あわてたりうろたえたりするに至るのである。

それゆえ、落ち着いた心が本筋の業をさせるので、浮いた心でする業は、太刀先がしどろもどろで、けっして締まるものではない。心が落ち着いて相手に向かえば、静にいて動を待つ、といって、撃つによいとか突くによいとかいう機がくれば、心と業が一致して、撃とう突こうと思うとともに、太刀はすでに相手の虚に付け入っているから、（心が）形にあらわれて相手に悟られるような透きがない。

幽霊の効能はここにあるのだ。そのつもりで修業するがよい。

幽霊の正体を見とどけて心を読む

話が切れたかと思うと、先生は立ち上がってそばにあった木刀を私に渡し、ご自身も木刀を執って、

「サア、気合を掛けて幽霊の正体を見とどけよ」

と、いいつつ、ピタリ、と構えられた。

私もそれに応じて構えた。それより、じりじり、と寄せ合わせたが、泰然として立たれた先生の五体には、十分に気が満ち渡って幽霊とは思われなかったが、その呼吸の静かなことは、呼吸しておられるかおられぬか、疑われるほどであった。

それから、ややしばらく見つめておっても先生の考えが少しもわからぬので、なるほどここが幽霊だな、と悟った。

さて、そのままでもおられぬから、私のほうより打ち込む心持ちになってみようと思って見込みをつけると、目も手足も動かさぬうちに、先生が「それはむりだ」とか「そこには透きがない」とかいって、太刀を動かして受けたりはねたりする形をしめされるのが、一々私の見込みをつけたところと合う。まるでこちらの腹の中を見透かしておられる。

そのとき先生が「おれの腹をさぐってみよ」といわれるゆえ、よく見ていて、面なら面突きなら突きと声をかける。その声といっしょに先生の太刀は形をしめしているが、私の見込みはいっこう当たらぬ。そのうち先生が「いま一度当ててみよ」といわれたので、よく見ていて、「突き」と声をかけたら、先生が、

「それは当たった。そこまでは目がとどくか。イヤ、なかなか感心だ。しかし、幽霊になるのも幽霊の正体を見とどけるのも、なかなかたやすいことではあるまいがの」

といって、木刀を捨てて坐られたので、私も坐った。

その日はそれで帰ったが、その後先生は三日ばかりも滞在しておられ、御殿へもまいられた。そのあいだ、外で試合をして幽霊になる試しをしては、先生のところへいって、わからぬところを聞いた。それがため、いくらか覚えができたので、いまも怠らず修業しているが、それから五年になるゆえ、この頃では幽霊のまねぐらいはできるようになった――

――とのことであった。

第五話
武蔵が門弟に授けた試合に勝つための心得

太刀先の見切りむだに五体を動かさない

前回の話のついでだから、武蔵が試合の心得を門弟にしめしたことを、一、二件話しましょう。

門弟らはたびたび武蔵がひとと試合するを見るに、相手の打ち込む太刀先や突きだす太刀先が、ほとんど武蔵の前頭部に当たるか胸部を擦るほどであっても、一度も当たったことがない。

したがって、武蔵は身を開いて避けもせねば、受け止めることも払うこともせず、相手が立ち直るところへすかさず付け込んで勝ちを取るか、あるいは悩ますかするので、門弟中の少しできる者らがふしぎに思って、ある日そのわけを質問すると、武蔵はにっこりわらって——

それはよいところへ気がついた。そこが太刀先の見切りといって、試合にも真剣勝負にも、もっともたいせつのことである。平生よく修業しておかぬと、大事のときに間に合わぬ。

五体の働きは自由自在にせねばならぬが、大事の試合などに、相手の太刀先を避けるためあまり五体を動かすと、その動くがために五体のそなえに透きができて相手に付け込まれるゆえ、太刀先の見切りによってむだに五体を動かさぬようにするのである。

初心のうちは五体の働きを十分修業せねばならぬが、それがあらましできたならば、つぎには太刀先の見切りを修業して、大事のときにはむだに五体を動かぬようにせねばならぬ。

そこでその見切りのしかたはいかにするかといえば、相手の太刀先とわが身とのあいだに、一寸の間合を見切るのである。一寸の間合を見切れば、相手が打ちおろしても突いてきても、けっしてわが身に当たるものではない。また、一寸以上の間合を見切れば、もとよりどうするにもおよばぬ。もし、一寸の間合を見切ることができねば、その太刀先はわが身に当たるゆえ、受けるとか外すとか、覚悟をせねばならぬ。

しかし、最初より一寸の見切りはできにくいであろうから、まず、五、六寸ぐらいの見切りを修業して、四寸になり三寸になり、おいおい縮めてついに一寸の見切りのつくようにするがよい。

さて、一寸の見切りといえばずいぶん細かいに相違ないが、いったい剣術は大きい仕事を細かにするのがもちまえであるから、その心持ちで修業をすれば、しぜんにその見切りはつくようになるものである。

「これからそれを教えてやる」とて、門弟中足の運びのできる者を教えるときには、門弟の打ってくるか突いてくる太刀先を見ては、「それは一寸」「それは二寸」または三寸、四寸と声をかける。自分より打ったり突いたりするに、わざと太刀先をひかえて「これは一寸」「これは二寸」と声をかける。

かくして教えたので、門弟の中にもおいおいこの見切りのつくひとができたとのことである。

武蔵の門葉（一門）中においてある一派は、この見切りのことを、色を見る、と称した。色とはありあまるとの意味で、一寸の色を見れば二寸の間合がある、というのたぐいである。

深田左兵衛談話見切り修業の伸びると縮む

武蔵の直話およびその門弟の書きのこしたことは右に述べたとおりであるが、私の父（楠正《まさ》福《とみ》）の少年のときの剣術の師深田左兵衛氏が父に話したこの見切りのことが、父の雑録中にのこっている。深田氏は三河のひとで、青年のときより剣術の一流を創開する志を抱き、諸流を研究した。

年四十余におよんで石巻山に小庵を結び、そこに引き籠もって石巻我心流と称する一流を組織した。その伝書を見るに、当時の剣客としては比較的文字もあったように思われる。したがって、その話にも真理が存して、武蔵の話を補翼する（おぎないたすける）に足ると思うからついでに話しますが、父の雑録は固い記事体ゆえ、これを談話体に引き直します。

深田氏はいう。

宮本武蔵は近古剣術の名人で二刀一流（二天一流）を発明した。私は二刀を使用することについては同意することができぬが、さすがに名人の位まで進んだひとだけに、そのいいおかれたことには、感服することが多い。なかんずく、太刀先の見切りをアレほど精密に研究して実行したひとは、ほとんどないといってもよかろう。

このことは剣術においては必要であるから、何流でもしぜんに修業してはおるが、精密ではない。

武蔵の直話として伝えられるところは、「相手の太刀先とおのれの身とのあいだに一寸の間合を見切る、それはなんのためかといえば、受けずとも外さずともよい場合にみだりに五体を動かせば、体の構えに透きができて相手に付け込まれる」というもので、道理はよくわかっておるが、ただ、惜しむべきは、その見切りを修業するしかたが伝わっておらぬ。

武蔵直門のひとは、親しくそのしかたを口授せられたであろうが、こんにちにおいてはそのしかたをくふうせねばならぬ。私は二十四、五の頃からくふうを凝らして数年間試したので、いささか得たところがある。よって流儀の中にも組み入れることにした。いまその修業のしかたを概略話すから、それを修業してみるがよい。

まず、相手の身の丈《たけ》が幾尺あって、その木刀または竹刀の長さが幾尺ある。その相手が一足踏み込んで打ってくるとか突いてくるときには、その太刀先はわが身に当たるか、当たらぬか。

当たらぬと見切れば身を動かすにおよばぬから、間合が幾寸あったかと見切る。当たるとすれば、受けたり外したりせねばならぬ。また、受けるにしても外すにしても、太刀先の深く当たると浅く当たるによって、受けかたもあり外しかたもあるから、その当たる度合いの浅深を見切らねばならぬ。これがまず手始めである。

つぎに、太刀先の伸びると縮むについて、ふつうの道理を知らねばならぬ。

身の丈の高いひとはその太刀先が伸びるが、身の丈の低いひとは縮む。勇敢のひとは伸びるが、怯懦《きょうだ》（おくびょうで気の弱いこと）なひとは縮む。鋭敏なひとは伸びるが、遅鈍なひとは縮む。足の運びの速いひとは伸びるが、遅いひとは縮む。凝りのない構えのひとは伸びるが、凝りのある窮屈な構えのひとは縮む。技の巧みなひとは伸びるが、拙《つたな》いひとは縮む。

このほか一々推究してゆけば、ふつうの道理はわかる。しかし、初心の者には太刀先も手足の運びも思いきって伸びるよう教えるのだから、これは当てにならぬ。

初対面の相手でも見切りは可能である

さらには、ふつうの道理から生じる変化を研究せねばならぬ。

その一、二例をあぐれば、身躯の長大なひとでも、天性が怯懦であるとか遅鈍であるとか、業前が拙劣であるとかすれば縮む。これに反して、身躯の短小なひとでも、天性が勇敢であるとか鋭敏であるとか、業前が熟練しているとかすれば伸びる。

　また、身躯の長大なひとは技が大きくてゆるやかなのが多い。短小なひとは技が細かくて速いのが多い。このへんにも注意せねばならぬ。かつ、業前は巧みでも胆力の乏しいひとは、同等以上のひとにたいしては縮む。大事の試合になると縮む。業前は拙くても胆力のさかんなひとは、上のひとに向かっても大事の場合にも、ときどきひじょうに太刀先が伸びる。力量をたのむひとは、間合を取ることを知らぬ者が多い。これはきわめて外しよいものである。

　これらのことを一々研究すると、変化が知られる。

　こうなにごとも研究せねばならぬとなると、はじめのうちはいかにも煩瑣《はんさ》にたえぬようであるが、実地についてしぜんに慣れると、さほど面倒なものではない。粗より精に入り大より細に入れば、のちには心を留めないでも見切りがつくようになる。少々面倒でも、大にしては国家を護り、小にしては一身を護るというたいせつな武芸を修業するのであるから、面倒ぐらいは当然のことと思わねばならぬ。

　あるいは、平生慣れている相手はその性質、業前などもよくわかっているから見切りもつきやすいが初対面の相手ではとても見切りはつかぬ、というように考えるひとがあるかもしれないが、平生見切りに慣れておけば（たとえ初対面の相手でも）太刀を執って相対すると、見切りに必要な事柄の大略はわかる。けっして心配にはおよばぬものである。

　また、武蔵の時代には、面、小手、胴などという稽古道具がなかったから、試合は後鉢巻だけでしたので、往々、怪我もする。はなはだしいときには死にも至る。そうたびたびはできなかった。それゆえ、稽古はもっぱら形を合わせたものであるが、いまは稽古道具があるゆえ、安心して見切りの修業ができる。

剣術は術であって力をたのむものではない

いま一つ、武蔵の試合における虚実弁（論）とでも称すべきものを話しましょう。この話は二刀一流（二天一流）においては名高い話であるが、その話を書きのこした門弟に文字が乏しかったので、論旨にあいまいなところがあり、また、まったく誤りと認められるところもある。

したがって、こんにちその流儀を学ぶひとにも十分解釈のできぬひとがあるよう思われる。現に私はある二刀流のひとより解釈を求められたこともある。私はかつて同一の伝書を三本見たが、いずれも少々ずつ異なるところがあってー致せぬ。かつ一個所はたしかに誤謬《ごびょう》と思われるところがある。

よってその誤謬を正し、前後脈絡貫通するようにしてお話しする。こういえば、私の直話でも聞いたようであるが、ナニその話は孫子の語からでたのであって、その根本がわかっている。孫子の解釈なら昔とった杵柄《きねづか》、まさかまちがいもすまいから、安心して聞いてください。

本多政朝、正勝二代に仕えた重臣で、武蔵門の高足弟子に石川主税《ちから》というひとがあった。ある日、主税は武蔵を午餐《ごさん》に招いた。相客なり取り持ちなりで、列席者はみな武蔵の門弟ゆえ遠慮なく話すうちに、ある一人が武蔵に向かい、

「私は昨今先生のご門に入っただけでご流儀のこ

とはいっこうわかりませぬが、二刀を使うにはよほど力量がなくてはできぬかと思われます。私の力量はまず十人並みで、それすら少々おぼつかぬほどでございますが、これでもご流儀の修業ができましょうか」

　と、問う。武蔵は

「イヤ、剣術は術で、力を主とするものではない。刀については、右なり左なり片手で持って振り上げることのできるほどの目方のものは、二刀に使うことができる。それゆえ、そのひとの力量に相応する目方のものを使えばさしつかえない。力量より越える目方のものを使えば、早く疲れるのと業のできぬとの損がある」

　と、答えた。すると、質問したひとが、

「まことによくわかりました。非力ながら十分に修業をいたしましょう。ときに、はなはだ失礼ながら、先生は身の丈もお高く骨柄も立派でいらっしゃるから、よほど重い二刀をお使いなさるでございましょう」

　と、問えば、武蔵は首を振り、

「ナニ、ふつうのものを使っているが、小力《こぢから》はあるゆえ、使おうと思えば少しは重いものも使える」

　と、いいつつ、床の間に立て掛けてある五文目玉の鉄砲に目を着け、ちょっと主人にあいさつし、二挺《ちょう》の鉄砲をたずさえて座敷の真ん中に坐り、

「さて、先刻もいったとおり、こう片手であげられるほどの目方だけは二刀に使える」

　とて、立膝になるや否や、鉄砲を高くささげ左右ひとしく振り回すと、りゅうりゅうと声を生じ、あたかも二個の環を空中に描いたようであった。数十回ののち手をとどめ、静かに鉄砲を元の位置におき座に帰ったが、面色も赤からず、息も平常と変わらぬので、一座、みなその怪力におどろいた。

武蔵はさらに、前に質問したひとに向かい、「ただいま、私は鉄砲を振ってみせたが、お手前がいま私が振り回したほどに振り回せる目方によって、二刀の目方をさだめられたらそれでよろしい。こんにちは打ち物（刀や槍など打ってきたえた武器）の目方の話がでたが、打ち物を使うについては虚実を知るということがきわめて大事である。このことは主人にはすでに話してあるが、他のかたがたにはまだ話さないから、それを話しましょう。そのことを承知になると、打ち物の軽重ということもよくわかる」

と、いった。

孫子の兵法彼を虚にして我を実にする

孫子の『兵勢篇』に「兵之所レ加如下以レ碬投卵上者虚実是也」（兵ノ加フル所碬ヲ以テ卵ニ投ズル如キ者ハ虚実是レナリ）とある。碬《か》は砥石《といし》であるから、その質は堅くて重い。すなわち、実である。卵は鳥卵でその質は軟かにして軽い。すなわち、虚である。

　碬の実をもって卵の虚に投ずれば、卵を砕くことはきわめて容易である。二刀はそのひとの力量に応じて軽重をさだむのであるから、大力量のあるひとの使う二刀中の一刀は、あるいはふつう一刀を使うひとの刀より重いときもあるが、概していえば、二刀のうちの長くかつ重きものをもって一刀を使うひとの刀にくらぶれば、一刀を使うひとの刀が重いに相違ない。まして、短くかつ軽きほうの一刀にくらぶればいうまでもない。

　されば重き一刀は碬と同様で実である。軽き二刀は卵と同様で虚である。重き実をもって軽き虚を撃たれるとすれば、勝負は前もってさだまっている。しかし、これは物の性質の上についていう虚実で、術の上についていう虚実ではない。物の性質についての虚実よりいえば、軽い二刀に利益のないことはあきらかであるが、その利益のないと思われる二刀に必勝の理ありとするは、相手の実を虚にする術があるからである。

　かれを虚にしてわれを実にする術があれば、卵をもって碬を受けることもできるゆえ、重き太刀ぐらいはおろかなこと、鉄棒を受けることもできる。また、重き得物《えもの》（武器）は、ひさしきに耐えぬと微妙な業をすることのできぬと、二つの損があって、われよりかれを虚にするまでもなく、かれみずから性質上の実を失い、虚になるときが多い。そこがすなわち、こちらの付け込む機である。よく相手の実を虚にする術に違すれば、虚実地を代えることはけっして難きことではない。

　しからば虚実地を代えるはいかなる術によるかといえば、前にいったとおり、相手が実なるときはこちらの術で相手を虚にするよりほかはない。孫子の『虚実篇』に、「避ケテ㆑実ヲ撃ツ㆑虚ヲ」（実ヲ避ケテ虚ヲ撃ツ）とあるもこれと同じ意味で、かれの実を避くればかれの実は虚となる。虚を撃つときは、われは実にしてかれは虚である。われ常に実にしてかれ常に虚なれば、勝負の数は問わずしてあきらかである。

　さて、道理はこのとおりでだれにもよくわかるが、それが試合なり真剣勝負にのぞんだときは、相手の勇怯にもよる。業の巧拙にもよる。心の落ち着くと落ち着かぬとにもよる。そこは相手しだいで変化せねばならぬので、どういうときはこうするアアすると、あらかじめ一々口授しておくわけにはゆかぬ。たとえ口授しておいたとても、そのとおりにできるものではない。

武芸の妙所は心に悟るもので、その悟ったところは、筆で書き口でいうことのできぬものである。門弟にはただ筆で書き口でいわれることを教えて、そのうえはめいめい修業してみずから悟らせるのである。筆で書き口でいわれるのは、その筋道だけである。いまその虚実地を代える筋道の一、二を話しておく。

双方刀を執って相対したときに相手に透きがあれば、これは相手を虚にする術をほどこすまでもない。相手がすでにみずから虚になっておるのだから、わが実をもって相手の虚を撃つはもちろんであるが、相手の勇気がさかんで激しく打ち込んでくるときは、これを真正面に受け止めるは、実をもって実をとどめるばかりでない、いくぶんはこちらが虚になっておるゆえ、その勝負はいずれに帰するともわからぬ。

このときは、なるべく避けるようにせねばならぬ。孫子の『軍争篇』に、「無レ邀フルコト二正正ノ旗ヲ一」（正正ノ旗ヲ邀《むか》フルコトナカレ）とあるも、この意味である。もっとも、相手により真正面に受けてもさしつかえのないときがあるが、それにしても後手になる損はまぬがれぬ。それゆえ、避けられるだけ避けるがよいが、避けられなければ受ける。

だが、受けるにしても、流すとか払うとかして、相手の勇気を抜くがよい。いったん外されたり、流されたり、または払われたりしたときは、さらに立ち直るまでに、相手の勇気は大半抜ける。この抜けたときは、これがすなわち相手を虚にしたのであるから、すかさずこちらの実をもって、その虚を撃つがよい。

また、相手の太刀先が少しわが身にとどくかと思うときは、外すがよい。当たらぬと見切ったときは、自若（落ち着いていて、物事に少しもあわてないようす）としているがよい。空を撃ったり空を突いたりしたときは、相手はあわてて勇気どころではない。まったく、虚となる。これを制するは自由である。

この心得をもって修業すれば、いかなる場合にも応ずることができる。虚実地を代える筋道はこれである。また、孫子の『軍争篇』に、「避ケテ二其ノ鋭気ヲ一撃ツ二惰気ヲ一」（其ノ鋭気ヲ避ケテ惰気ヲ撃ツ）とあるをも参考にするがよいと武蔵が説いたので、座客みな感服した。

第六話

異形の風貌精悍な性行諸芸堪能は挫折の所産だった

躯幹長大英姿颯爽たる一個の偉丈夫

あまり試合や刀術の研究話がつづくから、一、二回気を転じて、武蔵の気性、風采、志望、境遇、技芸、嗜好、親族などという方面について、批評を試みましょう。

まず、身の丈が五尺八寸、九寸はあったといえばなかなか長大である。髭（くちひげ）は短く、髯（ほほひげ）は荒れて、鬚（あごひげ）はない。しかし、晩年には生やしたとある。眉の先がはね上がっていて、鼻はたかい。眼の形は三角で、眼中は少し黄色を帯びていた。顴《かん》骨（ほほぼね）は高くて、両頬は少しこけている。両頬の肥痩は年の老壮にもよるが、その性行から判断すれば、たぶんそうであったろうと信ぜられる。

また、手足は骨太で、顔と胴と足の釣り合いがよくなれあっていたとあれば、全身の運動が活発で膂力《りょりょく》（腕力）がひじょうに強いのは、生理上より判断がくだせる。まして、その膂力の強かったことは、前回に話したとおり、五文目玉の鉄砲二挺を左右の手に素口のほうをにぎって振り回し、空中に二個の環を描いたというので、証拠だてられている。

そこで、いま話した顔面その他の諸道具を集め、達者な画工に一個の肖像をつくらせたならば、躯幹長大、英姿颯爽《さっそう》たる一個の偉丈夫を見ることができると思われる。いずれの伝書にも、武蔵には狎《な》れ侮ることのできぬ一種天然の威風がそなわっていたように書いてあるが、これはあだほめとは思われぬ。

先入為主（先入主トナル）ということわざのとおりで、武蔵の実伝を読まぬ前に旧劇派の武蔵を見たひとは、山の段の武蔵を脳裏に印象せられて、武蔵の少壮時代はアアいう人品であったかと思い、石曼卿の詩景や笠原老人の風貌までも連想しておられるであろう。それゆえ、私が説くところの武蔵の風貌には、一驚を喫せられるに相違ない。

　なるほど山の段の武蔵は、色のくっきり白い細面で、眼は涼《すず》やかに鼻はたかい。口許はしまって唇は赤く、ただ、眉は少し強く引いておく。これは武術家たることを表示するためである。

　頭は小額《こびたい》付きに剃って茶筅髷《ちゃせんまげ》、しかもその髷を紫の打ち紐でくくってある。着付けは黒の五つ紋に菖蒲革の裁着《たっつ》け、蝋色に銀拵の長大小、白と紺の段だら縞の風呂敷包みを右の肩からぶっ違いにしょったいでたち。寒いのに鉄扇をひっさげて雪を振り払いつつ花道をでてきて、橋懸《が》かりのところに立ち止まり、山中の雪景色をきっと見やり一場の科白があって、いままた迷う木曽の山中、ときどるのであるが、このような好男子につくらねば、岡山で白倉の娘の危難を救った、という文句にかなわぬからである。

　正真《しょうしん》の武蔵は、私のいうとおりで、志行や武術をよそにして、ただ優形《やさがた》のひとを喜ぶ女にはまず縁の遠いほうであったろう。しかし、劇の武蔵はその心の高潔と慈愛とを形にしめしたものとみれば、多少の趣味がある。

精悍がもたらす長所は勇気短所は傲慢

　少々、舌が滑りすぎたが、されば武蔵の気性はいかにというに、従来ひとの性行を写すには、それぞれ紋切り形の形容詞があるのと、その見るところのひとの思想とによって、いろいろに写されている。

武蔵の性行も同様であるが、私の見るところでは、浮貶《ふへん》（けなしすぎ）と思われるのもあれば、過褒《かほう》と思われるのもあり、欠くべからざる肝要の点をのこしたと思われるのもある。

なかんずく、その墓誌に「天資曠達不拘細行」（天資曠達ニシテ細行ニ拘ハラズ）とあるがごときは、晩年禅学を修めた頃にはややこの文に似たところがあったかもしれぬが、それは天資ではない修養よりきたのである。その少壮時代はまったくこれと反対と思われる。しかし、私のいうところは適切で前人のいったところは不適切であると、断言するのではない。ただ、諸君の参考に供するにすぎぬのである。

そこで私は、前に話した武蔵の相貌と私が知るところの武蔵の行為とを参照して、武蔵の性行を断定するには、精悍、の一語がもっともよく包括するであろうと思うのである。

精悍とは、俗にはかいがいしい意味にいうが、それではまだ尽くさぬ。きわめて広い意味を持っている。いま、概括していえば、敢為（物事を押し切ってすること）の勇気に富んで、屈せず、たゆまず、やりかけたことはどこまでもやりとおすという、勇気からでた忍耐力がある。そうして、それをやりとおすには緻密な思想があって、事々物々（あらゆる物事）、利害得失を考究して進むのである。敢為の勇気があっても粗放なひとは、一時のことには成功しても長日月を要することには失敗が多い。

精悍なひとは、学業を修むれば立派な学者になれる、技芸を修むれば立派な技芸家になれる、官吏になれば立派な事務家である。その他いかなる事業でも十分になしとげられる。

ただ、その短所というべきは、善を好む心が深いかわりに悪を憎む心がいっそうはなはだしいいわゆる恩讐分明（なさけとうらみがはっきりしている）であるから、清濁あわせいれてほどよく取捨するの度量に乏しい。万事おのれを定規にしてひとを見るゆえ、ひとのすることがまどろい。したがって、多くひとを責める。おのれが占むるところの地歩は、一歩もひとにゆずらぬので、往々、傲慢と思われる。否、みずから傲慢になりやすい。

要するに、温藉《おんしゃ》とか寛厚とか、雅量愛嬌などという点にはとぼしいのである。あるいは過厳（きびしすぎる）になりて恨みを買い、仇を求めるにも至る。もっとも、老境に入ればはなはだしくないようになるが、そのときは進歩の足も鈍くなってくる。

武蔵を見るに、かならず精悍の一語をおいてみる。さすれば、思い半ばにすぎるであろう。

書画彫刻蹴鞠乱舞武蔵は多機能高性能だった

武蔵は多能なひとであった。学問も、こんにちの学者の眼から見ればなにほどのこともないが、学問の開けなかった時代とくに武芸者としては、比較的学力のあったほうである。なかんずく、孫呉（孫子呉子）の兵書については熱心に講究したものと思われる。

もっとも、元亀天正の頃（信長秀吉時代）より徳川幕府三、四代（家光家綱）までのあいだにあった武芸者は、孫呉の兵書と武芸とは、離すべからざるものとしてかならず兼修したものである。それは一手の隊将として人数を引き回すにも兵学を知らねばならぬというのと、この二つには武芸に応用する意味が多いのと、これがために起こったのである。されば、これがために心も広く気品も高く、教授上理由の説明も明確であるゆえ、弟子より師匠と呼ばれ、先生と敬われる価値もあった。

武芸者が撃つ、突く、投げる、押えるなどという技芸ばかりに走り、その師匠に目に一丁字《いっていじ》もない（読めない）ひとが多くなったのはまったく近世のことで、したがってその芸術は華技華法に流れ、精神に乏しく実地に遠ざかるに至った。

平賀鳩溪（通称源内）は「春先の鮟鱇《あんこう》と太平の世の武士はおいおいに値段が下がる」と嘆息したが、武芸者についてもまた、同嘆（おなじなげき）であった。しかし、近世でも一世に名のあった武芸家は、ふつうの学問もあり兵書の講究もして、人格も相応に高かった。武蔵の人格については、のちに証拠をあげて話します。

武蔵は種々の武器を製作した。

武器の製作は、戦国時代にあっては職工が乏しいので、たいがいのことは自身でやったものである。現に維新前まではこの余風がのこっていて、非役で貧乏な武人中には、武器の製作を内職にした者もあった。武蔵が武器を製作したのも、当時の習慣と思えばふしぎはないが、武蔵の製作にはふつうよりも精巧なものが多かった、という点に心をつけて見ねばならぬ。

武蔵は書画をよくした。

なるほど、書は当時の武人中においては、まずよいほうである。瘦硬（字が細く力強いこと）勁抜（強くて衆にすぐれている）字々飛動というべきか。憾《うら》むらくは韻致が乏しい。しかしこれは備わるを求むるの評である。

画はなかなかよいのもあるが、花卉《かき》鳥獣人物のたぐい、勁筆をもって一気に払い去ったものには、宕逸《とういつ》（宕も逸も、ほしいまま）の趣があってもっともよい。それゆえ、私は逸人（世をのがれ隠れたすぐれた人）画とも称すべき一筆描きのものを喜ぶ。筆のやや密なるものは、韻致の乏しい感がある。また、粉本《ふんぽん》（手本）があるかと思われるものも見た。しかし、晩年の作は韻致が増したようである。私もたくさん見たのでないからいちがいには論ぜられぬ。

また、武蔵は彫刻物もしたとのことであるが、これは画よりいっそう上手であったろうと思われる。されど、私は見たことがないので、批評はできぬ。その他、蹴鞠《けまり》、茶の湯、乱舞《らっぷ》（能の舞の演技のあいだに行なう舞）などにも堪能であったとのことである。

人生の抑圧エネルギーを諸芸に昇華させた

武蔵が専門の刀術以外馬術、射術などの武芸に通じていたことが諸書にほめてあるが、戦国時代はもちろん近く維新前までは、武人は少なくも必要の武術三、四種は講習することになっていたのだから、武蔵としても当然のことである。ただ、かれが書画彫刻に精巧で、そのうえ蹴鞠、乱舞などの遊芸にまで堪能であったというに至っては、なんびともその多芸多能におどろかざるを得ないのである。

私はかつて、武蔵が多芸多能に至った原因を推究して、一個の解釈を得た。その解釈によれば、けっしておどろくに足らぬ。否、むしろ当然の結果と思う。

かれは三十歳以後において一個の志望を起こした。これがために百方その道を講じた。もし、その志望を達し得たならば、書画遊芸などを講習するいとまはなかったのであるが、不幸にして、その志望は時の不利に遭遇して再三挫折し、ついに断念するに至った。ここにおいて、かれは渾身に充溢する鬱勃《うつぼつ》たる気力を消遣（消し去る。気をはらす）する方法を求め、その方法として各般の技芸を講習し、目的のごとく消遣し得たと思うのである。

もっとも、その技芸のうち武器製作のごときは、少時よりはじめた跡がある。それが一転して彫刻となったのであろう。書もまた、少時より学んだ。書は中年以後にはじめたらしい。

そうして、いったん思い立ったことはその目的をとげねばやまぬという精悍の気性によって、その素修ある伎芸と素修なき伎芸とを問わず、身の閑暇を得ると同時に熱心に講習し、ついに精巧の域に達するものあるに至ったと推断するのである。

また、その気韻に乏しいところのあるは、精悍の気がしからしめたものと思われる。なぜかといえば、精悍の気性は事をなす資源たるに相違ないが、高雅の気韻とはその性質を異にするからである。晩年禅学を修め、精悍の気を陶冶するにおよびて気韻もおのずから生じたと思う。

はたして私の解釈が当を得たものとすれば、かれが多芸多能であったのは不遇の結果である。だれか一掬《いっきく》の涙なからむ。諸君、請う、私がかれの志望を説話するのちを待って、交互参照、その解釈の当否を断ぜられよ。

幼弱を愛し浪人を援け門弟を育て入浴しない

武蔵の少壮時代にはずいぶん立派な衣裳を着て、駕《かご》に乗り門弟を従えて諸方にいったが、老年になっては、平常、鶉巻きの染めだした革袴をはき、またときに好んで、赤地の京織物の袴をはいた。不断着は寒暑とも麻織のもので、ひとが新調して贈れば着がえるが、そうでなければ、垢《あか》がしみてもいっこう平気で、容易に着がえることはなかった。ただ、袖なし羽織を着ることがもっとも好きであった。

平生、湯浴みすることと爪を切ることが嫌いなうえに、髪はなで下げたままで結んだことがない。髯（ほほひげ）は剃りもせねば手入れもせぬので、巻き上がった渦のようになっていた。その髯の中から三角の眼が炯々《けいけい》として光っているのであるから、ずいぶん異形であったとのことである。

武蔵は平生、幼弱な者を愛した。なかんずく、体格のよい元気な小児はおのれの子のように世話をしたので、どこでも児童にしたわれた。志ある浪人が困窮しておると、金銭を惜しまず救助してやった。暴慢無礼な者に会えば言語をもって挫く、武術をもって挫く、少しも仮借することがなかった。しかし、その者が非を悔い過《か》（あやまち）を改むれば、後来（この後）を諭戒するだけで、いささかも心に留めぬようであった。

平生、諸家の家来が訪問する、浪人がたずねてくる。ずいぶん交際も広かったが、一度会うとそのひとの良否を知る。良士と認むる浪人は、自分の常に出入りする大名へ推薦してやるので、これがために仕進の道を得た者が多かった。もし不良の士と見ればいかにも厳格で、いくどたずねてきてもうちとけた話をせぬので、しぜんとこぬようになる。また、門弟をも戒めて交際をさせなかった。

門弟とするにもその身持ちの取り調べが厳重であったが、すでに入門を許したうえは、修業を怠れば厳責する、それでも改めねば破門するというふうであった。これらの行為は、かれが精悍の気性をよく表示している。

それゆえ、いぜん諸侯の賓師《ひんし》（諸侯から客分として待遇される者）として巡歴し住居をさだめなかったので、妻を娶る機会もなければ、また、娶る必要もなかった。そのうち老境に向かったゆえ、ついに終身、娶らずに帰したものと思われる。

武蔵は終身妻を娶《めと》らなかった。これはいまいう独身主義とか称するものと、同一の意にでたのでもない。しからば不具であったかというに、そうでもない。その証拠には、江戸にいた頃は他の武芸家とともに、遊廓に出入りしたことも書いてある。敵娼《あいかた》の名も見える。島原の陣（中）見舞にゆくときには、遊廓で送別の宴が開かれたとあるによっても、明白である。

思うにかれは、少年気鋭の時代には刀術修業に熱中して、妻を娶る心が起こらなかったであろう。すでにやや技術に熟達した頃には、その技術を試験するために諸国を巡歴したので、妻を娶るは足手まといだと思ったであろう。

その後、一個の志望を抱いた。この志望のために歳月を空過した。もし志望を達し得たならば、そのとき家を成すとともに、立派に妻を娶ったであろうが、惜しいかな、その志望はとげられなかった。

第七話
武蔵が養子にした三人の童子とくに伊織のこと

出羽国正法寺ケ原の泥鰌武蔵

武蔵が娶らずに終わった話のついでだから、その養子のことをちょっと話しましょう。武蔵の養子はいずれの書にも見えているのが伊織と造酒之助の二人であるが、ほかに九郎三郎と称せし者があって、三人だという説もある。しかし、他は考証の必要を認めぬゆえ、いまはたんに伊織について話しましょう。

伊織は初名を八五郎といった。この伊織のことは、『武蔵伝』にも『二天記』を採用してある。『二天記』によれば、武者が武者修業として出羽国にいったとき、正法寺ケ原というところを通りかかると、路のかたわらに、年頃十三、四とも思われる男の子が泥鰌《どじょう》を小桶に入れて持っている。武蔵がそれを見て、

「その泥鰌をわけてもらいたい」

といえば、童子はうなずきつつ桶のままさしだした。武蔵が手拭をだして包もうとするを童子はおしとどめ、

「桶のまま持っておいでなさい」

といいすて、ふりかえりもせずサッ〳〵と立ち去った。

翌日、武蔵は道に踏み迷って宿をとりそこない、暮れがたにある山の麓に着いたところが、一軒の白屋《はくおく》（白い茅で屋根をふいた粗末な家）があって灯が見えるので、その家へ入って宿を求めた。それが前日泥鰌をくれた童子の家であったから、いろいろ話したすえ童子が孤児であることがわかり、ついに連れ帰って養子にした。その養子が、すなわちのちに伊織と称したのだとしてある。

『二天記』以来、この伊織に泥鰌武蔵というあだなを負わせて名高い話になっているが、しかし

私は、この伊織は小笠原家の重臣に経登《へのぼ》って、その子孫はいまに歴然と継続しているように聞いていたから、はたして泥鰌をくれた童子の子孫であるかないかくらいは、判然していることと思っていた。しかるに『武蔵伝』の作者は綿密にその家の系図を調査せられたうえ、こう書いている。

按《あんずる》に宮本氏系図に依れば、伊織は武蔵の養子なれども、その実は田原久光の二男とし、実母は小原上野守源信利の女とし、慶長十七年十二月二十一日、播州印南郡米堕邑《こめおちむら》の産とし、寛永三年十五歳にて小笠原忠真に奉仕すとせり。田原久光とは田原左京太夫貞光の孫にて、赤松持貞の後小原信利は摂津有馬の城主なり。是に依れば武蔵は本は田原氏にて、田原家貞の子田原久光の弟にして、新免無二斎の養子となり居れども甚だ信じ難し。思ふに伊織を無名なる浪人の子とせる二天記を厭ひての作ならむ。

と、論断してある。

養子伊織は播磨国印南郡米田村岡本甚兵衛二男

私が見た伝書には、無二斎をもって久光の子としたのもあった。年代その他の考証よりして、この論断も一応理由ありと思われるが、田原や小原の考証はしばらくおき、私が見た伝書には、作者のいわゆる宮本氏系図とやや相似て、しかもそれより確実と思われるものがある。

八五郎の伊織は播州国印南郡米田村の郷士岡本甚兵衛の二男で、母の姓氏は書いてないが、別所長治の家臣の娘で、武蔵のいとこに当たるものである。三木落城ののち娘の父が米田村に住したので、甚兵衛に嫁した。武蔵は甚兵衛の妻すなわち八五郎の母との縁故はあり、甚兵衛もまた武芸を好んだので、たびたび甚兵衛を訪うてその家に滞留した。そのうち、八五郎が幼少より骨格がたくましく才気もあるのを見て、とくに寵愛した。八五郎もまたよく武蔵になついたところから、武蔵はついに八五郎を所望して養子にした。

八五郎が成長した頃、小笠原家より武蔵を召し抱えたしとの相談があった。武蔵は仕官の望みなしとてかたく断わったが、再三再四の懇望に武蔵もそれを恩命に感じ、

「自分は最初よりお答えしているとおり仕官の望みはござりませぬが、私の養子に八五郎と申す者があって、それはまだ若年ではあり芸術も未熟でお間に合いますまいが、もし小禄にてもこの者をお召し抱えくださるるならば、私は後見としてときどきまいり、なんなりともご用をうけたまわりましょう」

と答えたので、小笠原家においては、それにて満足だということで、八五郎を新地三百石で抱えた。

そこで武蔵も約束のとおりときどき小笠原家にいき、殿のお相手をしたり家中のひとびとに刀術の指南をしたりしたが、その後、八五郎はおいおい立身して名を伊織と改め、ついに家老職にのぼって禄四千石をたまわるに至った。

この話は、本多家の家臣で武蔵の流れをくむひとが、武蔵の事蹟を調査するとて、元禄十三年（一七〇〇）にわざわざ米田村に出張し、岡本甚兵衛の子孫に会って聞き取ったところを書いたものだとある。

そのとき岡本家は土地の大庄屋をつとめていたが、「いまは小倉の宮本家は伊織より三代目で

幸左衛門と称し、なお四千石を頂戴している。道が遠いので疎遠にはなるが、寒暑の見舞状などはたがいにいたしている」とのことも書きそえてある。

この聞き取り書の大意は、史実と認むべき価値があるかと思われる。したがって、前にも話したとおり、黒田家、本多家、小笠原家または米田村について武蔵に関する事蹟を調査したならば、武蔵の伝はいっそう正確に至るであろうと思われる。

かの泥鰌武蔵のごとき『二天記』以前の伝説に相違ないであろうが、その事柄は小説的である。かつ、（二天記では）伊織は正法寺村根生の農夫の子であるが、『二天記』の一説として記したごとくその先は最上家の浪人であったか、それも明瞭でない。その証拠も薄弱である。

世間にはまま小説に類した事実、否、小説以上の事実もあるから、他に事実と認めるものがなければしばらく泥鰌説にしたがっておくもあえてさまたげはないが、米田村のごとき根拠ある説があれば、それを精査するのが当然である。

また、伊織は刀術の名人で、ふつう以上の学問もあり、才識もあり、吏務にも長じて種々の佳話も伝わっているが、それは話の範囲が広くなりすぎるゆえ略しておく。

諸国大名から客礼賓師として遇された武蔵

師は弟子にたいして師たるの道を行ない、弟子は師にたいして弟子の道を尽くすというのは、もとより当然のことである。されど、その当然のことが当然に行なわれたことは、いずれの時代にもはなはだまれである。

ただ、元亀天正の頃より寛永の頃に至るまでのあいだにおける武芸家は、師はその道のために弟子にたいすることきわめて厳正で、真心（まことの心）その道を信ずる者でなければこれを教えぬ。しかし、すでに束修を行ない誓書を呈して門に入ったうえは、力を尽くして教導する。もし数年ののち、弟子の技術がおのれにまさるようになったときは、名師を紹介してそのひとに従わせる。

平素の行為に不謹慎のことがあれば、毫《ごう》も仮借せずして厳責する。そのかわり弟子は一般に家族と見なし、でき得るかぎりその者のためにはかって便利を与える。弟子もまたその師を信じ、その師を敬し、終身その恩を忘れない。たとえ自己の技術が師にまさるに至っても、けっしてその師を犯し、侮るがごとき行為はなかったものである。

もっともこの時代とても、師の道を踏まない師もあれば、弟子の道を守らない弟子もあっていちがいにはいわれないが、後世のような形式的の師弟に比較してみれば、師弟の道がよく行なわれたといってよい。ただこの頃でも、臣下で主人の師範役であったひとはもちろん、はじめ師であってのちに臣となったひとでも、客分として取り扱われたひとでも、主人にたいするといい高い身分にたいするといい、いくらか斟《しん》酌《しゃく》するところがあるので、厳然師をもってみずからいたひとは、はなはだまれであった。

さいわいに、この頃の大名は実地に必要な上からしてその道を信ずることが厚かったので、したがって師を敬することもなかなか深かった。これは師たるひとがみずから師をもっていたのではなくて、弟子の弟子たる道を尽くしたのである。

しかるに武蔵はみずからその道を信ずること

が厚かったゆえ、その道のことには毫も謙下《けんげ》するところを行なって顧みなかったとのことである（へりくだる）ことがなかった。かつ性質もまた、ゆえなくひとに屈するのは、いわゆる市朝に撻《うた》る（市中でむちうちの罰をこうむる）ごとく思うというふうであったから、常にみずから地歩を占めている。

かの本多美濃守よりは客礼をもって過せられ、本多甲斐守、同能登守、有馬左衛門尉などよりは賓師をもって遇せられたが、客礼なれば客礼、賓師なれば賓師、その位にいて疑わなかった。

その他、往々諸大名より召されたが、その召されるのは武術のことに関するのであるから、これまたみずから地歩を占めて屈下することはなかった。天然威風のそなわったひとと評判せられた武蔵が賓たり師たるの態度をとったのであるゆえ、その家家の家来などからは、まま傲慢であるとか不遜であるとか誹謗《ひぼう》せられ、武蔵の耳に入ったこともあったが、武蔵はその信ずるところを行なって顧みなかったとのことである。

武蔵は中年以後、諸国を遊歴するに駕に乗って門弟や家来を連れ、ずいぶん立派なふうをしたこともある。また、親族、門弟、浪人などの困窮を救助したことがはなはだ多い。これらの費額はすくなからぬことであったろうに、一定の食禄がなくてどうしてこれを支弁していたかというに、本多、小笠原、有馬などの諸大名からは年々二、三百両ずつの手当がでる、その他諸大名より召されたときにはそれぞれ引出物がある。また、この頃は地方の豪家などはいずれも武を講ずるふうが行なわれたので、どこへいっても歓迎せられたゆえ、経費の支弁には少しも心配はなかったといってある。

第八話

武蔵は剣の理合を政治に施すため地位を求めた

武蔵は世の兵法者には御座無く候

こんかいは武蔵の志望についてお話をいたしますが、その志望によって、武蔵の人物もわかるのである。

『二天記』の序には実有㆓相将之材㆒とほめてあるが、入っては相（君主をたすけて政治を行なう職）たり出でては将（軍隊をひきい指揮する職）たりというほどのひとは、学術韜略《とうりゃく》（兵法）に長じたうえに、徳量もあり隆望もあって、不世出の大賢でなければならぬ。したがってそういうひとは、内外数千年の歴史中に、僅々《きんきん》、指を屈するにすぎぬのである。

いかに武蔵をひいき目に見ても、まじめにこういうことはいわれぬはずである。古人のことはほめさえすればそれでよい、そのほめことばがそのひとに適切なるや否やは問うところでないと、売薬の効能と一般の了見《りょうけん》で書いたものとすればそれまでである。また、まったくそれほどの偉いひとと思って書いたとすれば、その書いたひとの眼識が足らぬので、買いかぶっただけで、これもまたそれまでである。

あるいは、相将の才があるといったまでで、相将の職務を実行したといったのではないから、そうとがむるにもおよばぬではないか、というひとがあるかもしれぬが、武蔵自身の書いたものを見ても、またその言行に徴しても、学識も抱負もたいがいわかる。アアほめられては、武蔵自身が知ったならば、額に汗するであろう。

さりとて、四、五万石の大名の家老が主人の名代として六、七百の兵を率いて出陣した……それも入相出将であるから、相将の語をそう重く見るにも当たらぬと、三百的（三百代言のようないかさま）弁護では、武蔵が艴然《ほつぜん》（むっとするさま）として怒るであろう。とにかく、ほめことばもあまり実にすぎると、かえってほめられたひとの価値を損ずる。

『武蔵伝』の編纂《へんさん》に引用せられた熊本藩士荻角兵衛が武蔵を評論した起頭に、「武蔵は世の兵法者には御座無く候」とある。その以下の評論には過賞と思われる廉《かど》も多いが、ふつうの兵法者とは異なっているという一語は、私もまた同意見である。

その異なったところに、武蔵の志望が存していたのである。

私は武蔵の言行に徴し、武蔵の著書に徴し、武蔵が壮年以後に政治思想を起こし、それが志望の原因となったことを認めるのである。その順序は、武蔵が剣術に上達したのち、若干《じゃっかん》の兵書を読み若干の儒書を読んで、剣術の理合と政治の理合とを参照してみたところから、ここに政治思想が起こったのである。

すでに政治思想が起こってみれば、これを政治のうえに施したなら、一人一個のひとを教えるにくらべてその利益が大きい、それも小さな一部分に施すよりはなるべく大きく施してみたい、とだんだん思想が進んできた。しかし、それにはよい主人を得て、その思想を実地に行なう地位を得ねばならぬという了見になった。

これが私のいわゆる武蔵の志望である。この志望を達せむがために、ほとんど下半生を運動に消費した。語をかえていえば、仕官を求むるがために、きゅうきゅうとして歳月を消費したのである。

かくいえば、ただちに起こる反対論は、武蔵は終身仕官せぬと標榜してそれがために大名の招聘を辞した明証もあり、講演者（水南老人こと楠正位）も前に認めているのではないか、と青筋を立て正面より一本参られるであろうが、講演者はこれを遮扞《しゃかん》（さえぎりふせぐ）する覚悟がある。

　もし、これを武蔵に問うたなら、

「イヤ、そう正直に受けられては恐れ入る。それも政治思想と同様剣術の理合からわりだした虚々実々で、中以下の大名の招聘を辞して、王侯に仕えずその志を高尚にす、と見せかけたのも、いっぽうで大いに求むるところがあったからです」

　と、いうかもしれぬ。

　とにかくそのことはのちに説くところで明白になるが、かれが晩年細川家に仕えた一事でも証拠だてられている。細川家に仕えたのは客分だという弁護もでようが、現に御備頭列《おそなえがしられつ》と身分取り扱いの座次がさだまっている。けっして賓師などのごとき君侯みずから送迎の礼を執られたたぐいではない。つまり老人だから本人の望みどおり自由勤めとせられたのである。

　もっとも、武蔵が政治にたいする志望を起こしたのは三十歳以後のことで、それまでは一意剣道を研究し、晩年禅学を修めてからも剣道について発明したことがある。剣道をもって終身の業としたのはもちろんである。

終身仕官せぬという口実に隠された本心

　さて、武蔵が政治上の志望を達せむがため地位を求めたについては、種々の困難があった。

　いまその一、二をあぐれば、当時世禄のないひとが護身以外に武芸を修業した目的は、終身ひとの師となるか、仕官を求めてその主人の師範役となるか……そこまで至らねばたんに武役をつとめるにすぎぬので、きわめて単純であり、かつきわめて順当であったが、武蔵のはそれとちがって、武術によって地位を得、その実、政治に関与してみたいというのである。

木に縁《よ》って魚を求めるとか、畠で蛤《はまぐり》をさがすとかいうようなまったくできないこととはちがうが、それには迂回した道をとらねばならぬ。まず武術をもって主人の信用を得、主人に親近するうちに、漸々《ぜんぜん》（しだいに）志望の田地に至るよりほかしかたがない。一直線でないだけ困難である。もっとも武芸で挙げられたひとがのちに政治に関与するに至った例もないではないが、それは小藩に多く、大藩や幕府にはまれである。

武蔵の志望はなかなか大きかった。武蔵が十万石以上二十万石前後の中大名に仕えて、その志望を行なわむとしたら、それは容易にとげられたかと思われる。もっとも、一時その志望を達しても、武蔵には傲岸のふうがあってひとに屈下することのできぬところから、罪を巨室《きょしつ》（大きな家）に得て、終わりを全《まっと》うすることができなかったかもしれぬ。

これは別問題とせねばならぬが、現に本多家なり小笠原家なり、その他にも武蔵を招聘せむとした家はたくさんある。武蔵が終身仕官せぬとの口実のもとにその招聘を辞したから、やむをえず賓師として年々手当を与えた家もある。とくに小笠原家のごとき、武蔵の養子伊織を登用して、ついに政治に関与させるにも至った実例もある。

それは伊織が功労もあり吏才にも長じたからではあろうが、武蔵ならばはじめよりいっそう信用が深かったゆえ、政治に関与する地位を得るも、意外に早かったであろうと推測せられる。しかるに武蔵は、それらの大名の知遇には感じたが、その志を屈して仕えることはしなかった。ゆえに、武蔵の志望の大きかったのも、その地位を得る困難の一つであった。

　元来、仕官は卑しき地位より功を積み労を重ねて漸次昇進するというのがふつうの道である。古来、特例をのぞくのほかは、賢人君子も英雄豪傑もみなこの道によったのである。武蔵は中年以後に仕官の志望を起こしたのと、武術の名人というたのむところがあって、すでに世間より優遇を受けていたとて、ふつうの道をとることを断行することができなかった。また、文学者であれば文学で挙げられて政治に関与するに至るはほとんどふつうの道であるが、これは武蔵のとること能わざる道である。

世は人材供給超過時代少し遅れた武蔵の登場

　それゆえ、武蔵はまず武術で地位を求め、しかるのちに志望を達する途につかむという心算であったが、これもかれが傲岸のふうと異相とは、その裏面には無愛嬌で社交が下手ということが付帯しているので、その志望を達するの難きよりも、その志望の途につく初歩において、まず大困難を見たのである。

　また、武蔵のような傲岸のふうがあってひとに屈下することができず、長上にたいしておのれの地歩を占めすぎるひとは、寛厚の量があって眼識が高く、一番かれの短所を容れてその長所を使ってやろうという明君に遭遇すれば格別、そうでなければ仕官の資格はゼロといっても酷評ではあるまい。後藤又兵衛や塙団右衛門は武蔵とはやや性質の異なったところはあるが、かれらが戦国のときには容れられても、治世になりかかると容れられぬようになったのは、そのもとは傲岸と執拗からである。

もし、武蔵が二、三十年も早く生まれていたなら、戦争のために知勇ある人物の要求が激しいときであるから、その傲岸は容れられ、異相はかえって呼び物になって、相応に志を得たかもしれぬ。また、武蔵は名士の通有性ともいうべき上に驕《おご》るのふうはあっても、後藤や塙のような執拗なところはない。とくに人情に厚くてよく下を憐れんだといえば、戦国にあったら他人の籬下《りか》（かきねのもと）に寄《よ》らないで、一個の事業をなしたかもしれぬ。

しかるに武蔵が壮歳（働きざかりの年頃）有為の頃には、世の中は早く昇平（太平）に属した。幕府はもちろん国持大名には、創業補佐の功臣が直接間接に政治に関与する。新進のひともそれぞれ身分があり、主人に縁故があり、しかもふつうの学問があって、吏才があって、社交も上手ときている。儒官もおかれる。名僧も顧問もいる。各種武芸の名人も、それぞれ招聘せられている。

元和の中頃（秀忠）より寛永（家光）にいたっては、徳川三百年の執政中もっとも多く人物をだした時代で、人物の供給は需要よりも超過していた。こういう時代に、武蔵のような一介の浪人で、縁故の乏しい、毛色の変わった人物は、ほとんどこれを容るるの余地がなかったといってもよい。

しかし、幕府も国持大名も、有名なる文学武芸の士を多く有するをもって自慢にするふうがあったので、これらの士はたいがい幕府と国持大名に吸収せられて、中以下の大名にはそのひとが乏しかったゆえ、中以下の大名は傲岸も容れ、執拗も許して文学武芸の名士を招聘し、これを優遇するの傾向があった。

しかるに武蔵は中以下の大名に臣事するをきかなかったので十分に志望を達せず、晩年、やや志望を達せむとするの機会に遭遇せむとせしも、また、ついに不幸に終わった。されど、武蔵が容易に小禄のために腰を折らなかったのは、すなわち武蔵の武蔵たるところといってもよかろう。

第一の挫折幕府に武蔵を容るる余地なし

さてこれから、志望を行なおう、地位を得ようとした武蔵の意向はどこにあったか、これを求むるためにいかなる方法をとったかを話しましょう。

形跡の順序よりいえば、その目的は第一に幕府、つぎに幕府の親藩中もっとも領土の広き尾張家、つぎに黒田家、つぎに細川家となっているが、はじめからここでいかねばどこと、そうしかとさだめたものではあるまい。はじめは幕府がいかねば幕府の親藩ぐらいとさだめてかかったのか、しぜんのなりゆきで前のような順序になったのか、そのへんはわからぬ。

幕府は、当時、徳川の三代将軍で英明の聞こえがあり、とくに自身が武芸に長じて武芸の奨励に熱心であった家光である。幕府の政治に関与すればその効力は全国におよぶので、武蔵がまず幕府に目をつけたのは志望としては当然であるが、さりとて武蔵も封建の事体に通じているから、老中や若年寄になる資格のないことはもちろん、奉行などにも容易になれぬことは、もとより承知している。いずれ将軍に親近して、内部の相談相手、いまなら内部顧問とでもいうべき地位を得ようと希望したのである。

当時将軍の顧問にそなわったのは儒官と僧侶で、儒官には林道春（羅山）はじめ（藤原）星窩門のひとびとがある。僧侶には天海、沢庵などがある。これらの地位は武蔵に希望すべき資格がない。

武蔵として希望し得るは、将軍に接近する剣術の師範役であるが、これはあいにく家康の近臣からでた柳生宗矩が秀忠家光二代の剣術師範役で、とくに家光をば幼少より教授したので家光の信用はもっとも厚く、師範役は代々柳生家とさだまったときである。

そのうえ、宗矩は天稟才識に長じ、武人としては比較的学問もあり、多く学者や名僧と交わって、見聞は広く世故にはたけているので、武蔵が唯一の希望たる、内部の側面においてする政治の相談相手は、すでに宗矩がつとめていて動かすべからざる根底がある。それゆえ、この方面も武蔵の入り込む余地がない。

このほかでは将軍の近臣であるが、年歯（年齢）のうえからも、縁故のないうえからも、武蔵が一家の師匠たる名誉を捨てる上からしてもできない相談ゆえ、これは武蔵はもちろん武蔵を推薦せむとしたひとびとの、考案にも入らなかったであろう。

さらばいずれの方面より将軍に接近せむとしたかといえば、兵学をもってする意思なりしと推測するが当然なりと思われる。前にあげた荻角兵衛の評論中に、武蔵は北条安房守（従五位下安房守の叙任は武蔵の没後なり）などと交わりもっぱら手遣《しゅけん》（手紙の交換）いたし云々《うんぬん》とあり、また、安房守の軍学と武蔵の剣術と交換せしとのこともあり、これらは武蔵がながく江戸に滞在した形跡などよりして、私もまたそのしかる（そうであること）を信ずるのである。

当時、各種の武芸は多く名人をだし、幕府に収用せられた者も少なくない。したがって武芸は隆盛をきわめたのであるが、兵学は王代（王朝時代）に陣法博士があったのち、武家時代に門戸を張って兵学を専門に教授したひとはいない。

門戸を張って弟子を教授したのは小幡景憲《おばたかげのり》の甲州流がはじめで、北条氏長（のち安房守）は景憲の高足弟子である。景憲は九十余の長寿を保ったので、武蔵が江戸へでた頃も存命ではあったが、すでに隠居していたから、武蔵に会ったか会わなかったかわからない。なにしろ軍学専門家のできた初期で、氏長は景憲のあとを引き受け、もっぱら軍学の拡張をはかっていたに相違ない。

そこへ武蔵がきたので、氏長は喜んだ。氏長は身分も一通りの学問もあり、甲州流の軍学には長じていても、まだ新蔵と称していた頃で、年が若い。武蔵は剣術をもってすでに世に知られており、年も氏長よりはかれこれ二十歳も上である。武蔵を軍学者にして共に謀れば、氏長においては軍学を拡張するのにつごうがよい。

武蔵も軍学は好むところであるうえに、氏長と助け合って事をすれば、軍学をもって将軍に接近する機会を得やすいと思ったであろう。そこで軍学と剣術との交換がはじまったものと思われるが、武蔵には兵学の素養があり氏長には剣術の素養があるのだから、この交換は歳月を費さず容易に行なわれたであろう。

もっとも、武蔵が将軍に接近する方法が軍学にかぎられたのではない。剣術はもとより申し立ての一つにおかれたは申すまでもない。その後、武蔵の推薦者は種々手を尽したであろうが、要領を得るに至らなかった。

しかし、その運動のため武蔵の名は将軍の耳にとまり、武蔵の剣術を一覧せむとて召されたが、武蔵はすでに志望の行なわれざるを前知していたので、「柳生の兵法ご信用のうえは、わが兵法を台覧に供するも無益なり」と辞退せしに、しからば絵を見たしとの所望あり、よって『郊野旭日の図』をつくってさしだした。

これ、武蔵の志望における第一回の頓挫である。

第九話
大名の私的政治顧問をめざした異相の剣客

尾張藩藩祖徳川大納言義直文武を奨励す

武蔵が尾張の名古屋にいったその年月はしかとわからぬ。あるいは江戸よりも名古屋にいったほうが早いように書いたものもあるが、これという証拠もない。私は武蔵が志望の順序としてまず江戸にいき、江戸で志を得なかったから名古屋にいったものと信ずる。

いうまでもない、諸君も歴史でご承知のとおり、当時名古屋の藩主はその藩祖たる徳川大納言義直である。義直は東照公九番目の子で幼名を五郎太丸と称し、徳川氏本支流にはもちろん、三百余の大小名中にも、肩をならべるひとのいなかったというほどの学者であった。

その人と為《な》りは総明沈毅で、平素の行止（出所進退）は謹厳なうちに温雅なところもあり、寛裕なふうもあり、とくに上は皇室を尊崇し、中は宗家に致し（つつしんでなにかをする）、下は善政を領民に施した。そうしてこれらの行為は、その天性を学問をもって陶冶《とうや》せられた効果である。

学問のふうは神道と儒教とを調和したので、堀正意《まさもと》をはじめ神儒の学に達した名士が六、七人、常にそのそばを離れなかった。中国の礼儀などに関することについては、帰化人の陳元贇《ちんげんいん》にも調査を命ぜられた。義直の学術に造詣の深かったことは、その数種の自著に徴してもわかる。

さりとて、文に偏して武を疎にせられたかというに、けっしてそうではない。武備については、少時は平岩、成瀬、渡辺ら古老の指導によられたが、成長ののちは元和の役のほか実戦に遇わなかったのを遺憾に思い、武備の他藩に劣らむことを恐れて、春秋両度の総調練にみずから采配を執られたはもちろん、常に兵学に熱心であった。

その研究の方法は、中国の兵書すなわち孫呉以下の兵書を儒臣とともに講究し、なかんずくとくに中国から李靖（唐の武将）の兵書をとりよせて講究せられた。あるいは元贇の献ずるところなりともいう。いっぽうでは武田の遺臣で、実戦の経歴や見聞ある者を召し抱えられたのもある。

また、古老の家臣中、三人五人と組をさだめて夜間城中に召し、合戦の手分け、備え立て、物見、掛り口、退き口または城攻め、舟手などのことを談話せしめ、儒臣および近侍の士とともにこれを聞き、その利害得失を評判せられた。

各種の武芸、すなわち射術、砲術、刀術、居合術、馬術、小具足術、槍術、薙刀術などの名人上手は、老臣らの推挙かあるいは親しくその技術を見たうえ、召し抱えられた。

ことに弓術は、北村（および石堂）竹林坊が義直の兄忠吉に聘せられ、尾張の清洲城においては門弟に教授したので、その術がひじょうに発達した。竹林坊の二子、新三郎、弥蔵とも名人であった。弟の弥蔵貞次が父の跡を継ぎ、兄の新三郎は別に石堂竹林という一派を開いた。竹林坊の弟子および貞次の弟子には、平岡、岡部、長尾らの名手がでた。忠吉が早世して、その家臣は尾張家に随従することになったので、竹林の師弟はともに尾張家に入ったから、当時尾張の弓術は、天下に冠たり、と称せられた。

また、新影流刀槍の名人柳生兵庫助利厳、伊東流管槍の名人田辺八左衛門長常、制剛流俰・捕手・組打・小具足術の名人梶原源左衛門直景の三人は、義直みずから選定して召し抱えられたとのことである。

なかんずく柳生兵庫については、のちに必要があるから、ちょっと人柄がわかるようにここで話しておく。

徳川義直がみずから選定した柳生兵庫助利厳

柳生兵庫は柳生但馬守宗矩の弟である。義直、一日みずから但馬守の宅にゆき、宗矩に向かい、

「自分の修業相手、また家来ども修業のため、一人兵法者を召し抱えたいと思う。貴様の弟兵庫の業前は前年見たことがあるが、いかにも熟練していると思われる。アレをおれにくれぬか」

と、所望せられた。宗矩が、

「それは弟のためしあわせでござります。弟もさだめてお受けをいたすでござりましょう。弟の業前が未熟であれば、たとえご所望があっても私よりお断わり申し上げますが、私の口より申し上ぐるはいかがなれど、弟の業前は私に優るとも劣りはいたしませぬ。長年手許におきましたが、身持ちもこれまでふつごうと思ったことはござりませぬ。弟は書物を読むのが好きで、ひまさえあればなにくれとなく読んでおりますゆえ、少しはお話のお相手もできましょう」

とて、兵庫を呼んでその趣を告げた。

兵庫においても、幕府連枝中の大藩、かねて賢明の聞こえある主人を得ることゆえ、即座に承諾いたしたとのことである。

この頃、義直の弟紀州家の藩祖頼宣《よりのぶ》は、天性勇壮闊達のひとで武芸を好まれ、各種武芸の名人を一藩に網羅せむという意気込みでそれぞれ手を着けておられたところが、柳生兵庫を尾張家へ召し抱えられたと聞き、いかにも残念なことをしたとて宗矩宅にゆき、

「貴様の門弟中、一番上手な者を余に得させよ」

と、宗矩がかつて推薦して将軍家光の刀術のお相手役をつとめさせた木村助九郎を、召し抱えられた。

これらの事跡から見ても、義直が武事にも十分

心を尽くされたことがわかる。

当時尾張家は新造で、清洲の遺臣を付属せしめられたほか必要のひとを宗家より移されただけで、食禄に余裕があったから文武の名士を随意に召し抱えることができたのであるが、しかし義直が武芸者を召し抱えるには、第一流のひとでも初任は食禄五百石以下であった。もっとも、功労を積んだひと、または臨時特殊の功をたてたひとに、食禄を加増せられるはいうまでもない。

それゆえ、柳生兵庫も初任は五百石であった。田辺八左衛門は八百石で召し抱えられたと書いたものもあるが、これも初任は五百石で、その後加増せられたのが事実らしい。

この頃は尾張家にかぎらず、幕府をはじめ諸大藩においても、第一流の武芸者を召し抱えるに五百石以下というは、ほとんど目安となっていたように思われる。別して義直は一個の見識があって、この例を守られた。他には七、八百石で抱えられた例も一、二ないではないが、それには特別の理由があって、ふつうの例とすることはできぬ。

武蔵仕官の機会を求めて名古屋へ行く

義直は徳川連枝の首班を占める大藩の主であれば、外様《とざま》国主の上に立つはもちろんである。文に長じ武に通じ、とくに心を政治に尽くされて明君と謳歌せられるひとである。武蔵が志を幕府に得なかった以上は、そのもっとも仕えむことを希望するは、尾張家である。

そこで武蔵は名古屋へいった。

もとより武蔵が尾張家へ仕えむとするには、武芸を申し立てにするよりほかはなかったのであるが、それには幕府よりつごうがよかった。

なぜかといえば、前にお話ししたとおり、幕府のほうは柳生宗矩の根拠が堅い。宗矩は三代歴任（代々の君に仕えること）の老臣で、その二代は刀術の師範役であった。

なかんずく、家光には幼少より手を執って教え、平生も昵近《じっきん》（親しみ近づく）して、ほとんど保傅《ほふ》（太子の保護教導にあたる役）の役をかねたというありさまであったから、君臣の情誼《じょうぎ》が深い。そのうえ、宗矩は吏務の才識にも長じて監察その他吏務の経験もあるゆえ、武蔵の入るべき余地がなかったのである。

兵庫のほうはその人と為りが忠毅（忠義で心が強いこと）沈実（落ち着いて考え深く実直なこと）とでも称すべきか、平生の行止（出処進退）はきわめて温厚きわめて寡黙、問わるれば答えるが、武芸のほかはみずから進んで意見を述べることはまれであった。文学は好きでも、吏務の才能は乏しかったと思われる。それゆえ、平生、義直の文学上の話相手にはでたが、政治の相談にはあずからなかった。いわば教育家には最適当の人柄であった。

また、義直も兵庫を信用せられたことはもちろんであるが、その信用は武芸の教授上にあるので、文学、政治などについては義直のほうがはるかに先生である。かつ、義直は一藩の刀術を新陰流にかぎるというがごとき狭隘《きょうあい》の意見ではない。行詰《ゆきづめ》その他の流儀も採用せられた。つまり、一藩の子弟が怠らず刀術の修業をするのが目的であって、その流儀は藩士の各自選ぶところにまかせたのである。

こういうありさまであったから、武蔵の身を容れる余地は十分あったのである。すでにその余地があったとすれば、武蔵の裏面に隠している志望を達する余地も、しぜんにできたかもしれぬ。しかし、できるとしても、文学政治は義直の得意とするところであるから、ふつうの君主を左右するようにいかぬことはわかっている。武蔵もさる者、そのへんの覚悟はあったであろう。

武蔵は流儀を広めるという名目をもって名古屋へいった。名古屋の藩士もかねてその名を聞いているから、試合を申し込む者がたくさんあった。それらにたいしては、試合というよりはむしろ門弟あつかいして懇切に教えてやり、我慢な者には例の高圧手段を取ったであろう。なにしろその藩へ善賈《ぜんか》（高価）で売ろうとする希望を抱いているのであるから、ほどよくやったものと見えて、一時にパッと好評を得た。

大導寺玄蕃の周旋で刀術を上覧に供す

当時、名古屋の藩士に大導寺玄蕃《げんば》と称する相応な身分のひとがあった。あるいは新十郎とも聞いているが、はじめ新十郎と称し、のちに玄蕃と改めたのか、そのへんはわからぬ。

このひとは躯幹が長大で、刀槍の術にはなかなか長じていた。そのうえ一通り文学にも渉《わた》っているところから、常に古今の書画などを愛していた。その嗜好上より江戸にいた頃武蔵と懇意になり、しばしばたがいに往来して深く武蔵の人柄、技芸を信じた。

さいわいこのひとが在国で、武蔵の旅宿を訪問する。また、自宅に招いて酒食の饗応《きょうおう》もした。あるいは、武蔵はこのひとを介して仕官を求める心算で、名古屋へいったかもしれぬ。一日、玄蕃は武蔵と閑談のつぎに、

「そこもと、仕官の望みがあるか。あるならば年寄のひとびとに申し込み、そのひとびとより殿へ申し上げる。もっとも内輪からは自分親しく殿へ申し上げてみるがいかが」

と、問うた。武蔵は

「イヤ、ただいま別に仕官の望みもありませぬが、しかし殿様において、私の人柄と私の武芸とをご承知のうえ召し抱えるとのご沙汰なれば、士はおのれを知る者のために死す、喜んでご奉公いたしますが、ただ捨て扶持でもくださるようの思《おぼ》し召しならば、ごめんをこうむります。じつはこれまで、諸家より召し抱えようとの厚きご内命をこうむりましたもたびたびでありました。私は一般の武芸のほかに軍学その他いささか学び得たこともあります。それをもってなるべく大きいご国益をはかってみたいというのが宿望でありますが、中以下のご身代では私の宿望も行なわれず、行なわれたところでさしたるおためにもなるまいと思い、すべてお断わり申したしだいであります。もっともそういう筋道は殿様のご信用を得なければならぬことで、急速に行なわれるものではありませぬが、しかしそのへんおふくみにてお引き立てくださるならば、ありがたきしあわせであります」

と、答えた。

諸君に一言申しておく。この問答のとおり一書にまとめて書いてあるのを私が諸君におとりつぎするのではありませぬ。諸書に散見し、また口碑に伝わるところを斟酌《しんしゃく》して、それを問答体にしてお話しするとこうなるので、意味には相違ありませぬ。以下もそのつもりでお聞きください。これでもなかなか手数がかかっております。呵々《かか》(大声で笑うさま)。

その後、大導寺の周旋によって、義直は「武蔵の刀術を一覧せむ」とのことで、日をさだめて城中へ召されることになった。その相手については義直に意見があって、大導寺にいわれるには、

「わが家来のうち一流の師範をしている者と試合をさせるのがふつうであるが、いずれもその流儀においては名のある者で、武蔵とてももちろ

ん同様である。さすればいずれのいっぽうが負けてもその名に傷がつく。近世、試合の勝負から種々の騒動を引き起こし、あたら者を死なせたためしは少なくない。これは気をつくべきことである。武術の試合は、互角の者でなくともその試合ぶりによってその術の位はわかるものである。武蔵の相手は近習の中より両三人選んでおく。武蔵にもその意を得させておくがよかろう。また、その試合は年寄用人の非番の者とそのほうだけに見せる。他の者には沙汰なしに、そのほう手元で万事用意をして、当日、武蔵を連れてまいれ」

とのことであった。

第十話
志望の実現を阻んだのは武蔵自身の傲慢だった

上覧試合一瞬の早業と天性の気力で倒す

当日、大導寺は武蔵を連れて登城し、武蔵を控え所に待たせておいて、その旨を義直へ言上すると、「すぐに設けの場所へ通せ」とのことであったから、武蔵を案内した。この場所はあまり広くはないが、公子などの内稽古にあてられるところで、藩主の席もあり、陪侍の席もあり、いわゆる観覧席である。また、演武者の控え席と支度部屋がある。

近習の壮士二人はすでに支度をし、控え席にいて武蔵を迎えた。この二人の姓名は書いてないからわからぬが、とにかく多くの中から選ばれたのであれば、相応に腕のできた者であろう。

まもなく、義直は年寄用人、近習など五、六人を従えて出席せられ、謁見《えっけん》の儀が終わると親しく武蔵に声をかけられた。「さて、こんにちそのほうの刀術を一覧するについては名のある相手をだすべきであるが……」

かくかくのしだいで、と前に大導寺に話されたとおりの意味を述べ、

「それゆえ近習の者二人に支度をさせておいた。もとより若輩の者、そのほうの相手に足るわけはないゆえ、試合とはいわぬ、門弟を稽古するつもりで太刀さばきを見せよ。けっしてそのほうを侮ったわけではない。汲み取り違いのないように」

と、懇切にいわれた。武蔵は

「ご懇命の趣、委細拝承つかまつりました」

と、控え席に下がって支度をした。

一人の近習は木刀をたずさえ、板の間に蹲踞して武蔵を待つ。武蔵も静かに板の間にでると双方上座に向かって一礼、それよりたがいに目礼して立ち上がった。

武蔵は深沈（奥深く静かなこと）の態度、少

しも気を動かさぬのであるが、偉大の体格に異相と呼ばれる容貌、天然の威風はおのずから森厳の気を生じ、相手の頭上に向かって圧迫してくるので、相手はすでに気をのまれたかこれではならぬと思ったか、満身の勇気を鼓して打ち込んできた。

武蔵は例の、体と相手の太刀先とのあいだに一寸の間を見切るという慣家法、身体は半寸も動かずして相手の太刀先は武蔵の面前八、九寸のところに落ちたが、落ちるとともに武蔵の太刀先は相手の鼻の先にあるので、相手はあわてて二足下がった。

しかし、主人の面前なり、見苦しい負けはせまいと精神を抖擻《とそう》（あげふるって物をもとめること）し、捨て身になって打ち込んできた。この再度の太刀先も、あわれ、武蔵の面前七、八寸のところに落ちたから、急に太刀を引かむとすればコハいかに、小太刀をもって小手を押えられ、太刀は早くも自家の頭上に安置せられてあるから、思わず、

「まいりました」

とさけび、一揖《いちゆう》（会釈をすること）して引き下がった。義直ははじめてその早業を見て、アッと感嘆の声を発せられた。

つぎにでた近習は、立ち上がるとともに、正眼に着けたが、じっと着けたままで、突きだしもせねば打ってもこぬ。機敏な武蔵はこれを見て、さては防御一方とでたな、その儀ならば困らせてやらむ、と思ったらしく、たちまち二刀を円極に組み合わせてズンズン進む。武蔵が進むから相手は退く。相手が退くゆえ、武蔵はなお進む。

この間、武蔵の太刀先は少しも相手の鼻の先を離れない。とうとう板の間を一周した。このとき相手の額よりたらたらと汗が流れる。呼吸は促迫（きびしい）して肩先で小波を打つ。も

はや打ち込む突きだすという気力のないのはもちろん、防御の力もほとんど尽きたと見てとった武蔵は、一足下がって上段に振りかぶり、じりりと爪先をつめるとともに眼光鋭くウームと気合をかけたので、相手はたちまち「マイッタ」といって太刀を引いたが、よろよろとして後居《しりい》に倒れた。武蔵はこれをたすけ起こさむと立ち寄ったが、それにはおよばず立ち上がり、一揖して退いた。

そのとき、義直は武蔵を呼んで、

「手の内まことに見事であった。なお所望のしたいこともあるが、こんにちは用意がないから追ってのことにする。まことに大儀であった」

とあいさつして、奥へ入られた。

それよりかねて申しつけてあったものと見え、別間において大導寺が主人をつとめ、相手をした近習の二人が相伴してご酒をいただき、また引出物もあって、武蔵は上首尾で大導寺とともに退出した。

尾張藩主徳川義直が語った剣客宮本武蔵の印象

その後一両日を経て、さきの試合を陪覧した年寄の一人が義道の前にでて、

「武蔵の刀術は私どもの目には得がたい名人と思われましたが、御前のお眼鏡はいかがでござりましたか」

と、問うた。すると義直は、

「なるほど名人である。一時の勝負はさておき、いま武蔵と互角の試合をする者は、日本中に二、三人、五人とは指が折れまい。ただ、一度見ただけではしかとわからぬが、かれはいくぶんか

天性の気力を使うことがあるように思われる。天性の気力はもとよりなくてはならぬ。戦場などではもっとも入用である。アレほどの名人であるから、その気力をまったく忘れてただ業前だけの試合をするのを見たいと思うたが、しかしこれはむりな望みかもしれぬ」

と、わらわれた。そこで年寄は、

「御前にも名人とおぼしめされるほどならば、お召し抱えになってはいかがでござりましょう。世間で異相といわれるほどでござりますから、見かけはずいぶん変わっていますに相違ないが、他よりうけたまわりますところでは、兵法、軍学のほか書画も小細工もでき、茶の湯、乱舞なども好きだとのこと。そのへんから見ますれば、風流の心もあり、見かけによらぬやさしい心がけの者かと思われます。また、これまで諸大名がたへ立ち入りましてもそのほかにおきましても、身持ちのよからぬ噂などは聞こえぬとのことで、大導寺は江戸在勤のときに一年もつきあい、立派な士だと信じております」

といえば、

「イヤ、かれは異相ではあるが、異相はけっして厭《いと》うべきものではない。また、かれが立居振舞いを一見しても人柄の潔白なことはわかるが、ただ異相のひとはなにか一つ片寄った性分のあるものだ。かれはたぶん、おのれの良いと思ったことは、ひとがなんといっても再考してみることのできぬところがあるであろう。それはいっこうさしつかえはないが、いまかれを召し抱えようとするも、余の思うところとかれの望むところとは、たぶん折り合わぬであろう。それが折り合えばもとより召し抱える。しかし余は、余の思うところをこんにちはうちあけることができぬ。まず、そのほうどもの心得として、武蔵を召し抱えるについては、なにほどの家禄を望むか、身分の取り扱いに望みがあるか、そのへんのところを大導寺に突き止めさせてみるがよかろう」

とのことであった。

そこで年寄の一人は、大導寺を通じて武蔵の意向をさぐらせることにした。大導寺はその意を受けて、ある日武蔵の旅館にゆき、

「この頃年寄衆が御前にでたとき殿から前日の試合のお話があった。『武蔵は聞くにたがわぬ名人である。なにぶん相手が未熟であったゆえ、ことごとくは妙所を見るわけにもいかなかったが、いかにも名人である。しかし、武蔵は試合にいくらか天性の気力を使うことがあるように思われる。それは相手にもよるであろうが、アレほどの名人がまったく気力を忘れて、ただ業前ばかりの試合をするところが見たいものだが、それはむりな望みかもしれぬ』と仰せられたそうだ」

と話すと、さすがものに動じぬ武蔵も、胸を刺されたようなありさまでみるみる顔色が変わり、ややしばらくことばもなくうつむいていたが、頭を上げると、

「明君のご教訓、肝に銘じました」

と、いった。

諸君、この話についてはなにかそのあいだに微妙な意味があるように思われる。よく考えてごらんなさい。

大導寺は重ねて言をつづけ、

「殿も貴殿の武術には感心しておいでなさるから、お召し抱えのこともできそうに思われるが、それにしても食禄なり身分の取り扱いなり、貴殿お望みの内意を承知しておらぬと推挙するにつごうがわるいが、そのへんの思し召しはいかがであろう」

と、問うた。武蔵もかねて熟考していたものと思われ、

「イヤ、別にこれという考えもありませぬが、これまで召し抱えようとのご懇命をこうむった諸

家へ、仕官は望みませぬとお断りしたてまえもあり、みずから申すはいかがであるが、あまり小禄では面目を失いますゆえ千石頂戴したいと思います。身分の取り扱いなどはお家のお定めもござりましょうから別に申しませぬ。ただ、かねて明君とうけたまわりますので、ときどきお話し相手としておそばへ召されることが第一の懇望であります」

第二回の挫折拒絶された武蔵千石の申し出

さて、大導寺は年寄に武蔵の希望を話し、年寄から義直へ申し出る。大導寺よりも直接に義直へ申し出たが、義直の意見は確固として動かなかった。その意見はこうであった。

余がさきに余の思うところとかれの望むところとたぶん折り合うまいといったのは、その食禄のことである。こんにち日本一、二の兵法者というのであるから、かれが千石というのも過分ではあるまい。また、かれが余の話し相手を望むというは、余もまた望むところである。かれは兵法のほか軍学にも達し経書なども読み、種々芸能もあるといえば、耳あたらしい話もあるであろう。

と、答えた。大導寺はこれを聞き、

「食禄のことは殿のおぼしめしもありましょうから、いまなんとも申すことはできませんが、お話し相手のことは文武の諸家臣についての例もあれば、これはさほど難《かた》いこととも思われませぬ。いずれ重ねて御意を得るでありましょう」

とて、それより余談に時を移して立ち帰った。

それは至極結構であるが、食禄は新知五百石より上をだすことはできぬ。柳生兵庫なども但馬（柳生但馬守宗矩）への義理としてもいま少しださねばならぬかと思ったが、それでは余のさだめたところと違うので、五百石ときりだした。但馬も余が心を察したと見えて、快く兵庫を承知させた。

その他の者にも五百石以上だしたことのないのは、そのほうどもも承知しているであろう。なにゆえ余が五百石以上だきぬかというは、禄を惜しむのではない。これが政事上の相談相手なら、時宜《じぎ》（時機が適していること）によっては千石はおろか二千石でも三千石でもだして抱える。それは常に余のそばにあって余の疑いを決し余の惑いを解けば、その効益はただちに政事のうえに顕われて、一国の生民（人民）がその沢《たく》（うるおすこと）をこうむるのみか、後世子孫のためにもなるからである。

兵法はいかに名人でも上手でも一人が一人を相手にする術である。それゆえ、それを召し抱えたうえで、その者が多くの門弟を多くの門弟を取り立てたとか、または他のことで手柄を立てたとかいえば、そのときに食禄を加増してその功労を報ゆるはもちろんであるが、以後の功労を見込んでさきに五百石以上の食禄をあてがうということはできぬ。

余はこれを道理に適ったしかたと思っているゆえ、この上の道理があれば格別、そうでなければ余がこの定めを改めぬのはもちろん、子孫までも守らせる。そのほうどもが推挙いたし、武蔵も余を見込んでいるというのに、それを採り用いぬのはいかにも気の毒であるが、なんともしかたがない。しかし、五百石ならばいつでも抱える。

――とのことであった。

政事と武芸との大小軽重を分別して条理明白な教諭であったから、年寄も大導寺も言を返す余地がないので、唯々《いい》として引き下がった。この義直の意見は長く尾張家で遵守せられた。

大導寺はせっかくの推挙が水泡に帰したので落胆したが、さりとて武蔵に話さずにもおかれぬので、武蔵に会ってありのまま話し、

「殿も惜しがってござるから一時五百石でしんぼうはできませぬか」

と、すすめた。

武蔵も残念な色に見え、ややしばらく考えていたが、かれが傲岸の気性はいまさら、五百石でも、と折れてでるわけにもゆかなかったか、

「まったくご縁のないこととあきらめます」

とて、深く大導寺の労を謝した。これが武蔵の志望における第二回の頓挫である。

武蔵進退を誤まるみずから閉ざした君側への道

武蔵が尾張家へ仕えるに至らなかったことについては、私は二個の疑いがある。

第一、武蔵はなにゆえに千石といいだしたのだろうか。当時、天下屈指の武芸者が幕府並びに尾（張）紀（州）などの大藩に聘されたが、新規召し抱えは五百石以下であった。まれに五百石以上もあったが、それは武芸のほかに特別の理由が付帯していたのである。

なにゆえこういう慣例ができたかといえば、第一には徳川氏の威勢がかくかくたるときで、その旗本に属するのを名誉として仕を求むる者が多い。また、尾紀二藩のごときは幕府の旗本に準ずる大藩で、その藩士の取り扱いは幕府連枝の旗本に準ぜられる名誉があるので、これまた仕を求むる

者が多かった。

第二には旗本および各藩の家臣も、その家禄はたいがい槍先の功名で取ったので、三百石、五百石といえば相応な戦功のあった家である。これら二つの理由からして戦功のない武芸者は名人と称せられるひとでも五百石以下としぜんに相場がさだまったのである。もっとも義直が五百石以下とさだめたのは特別の見識からきたのだが、以上のことは武蔵も熟知しているはずである。

また、大人物の出処はしばらくこれをおき、ふつう志ある者の仕官を求むるは明主を選ぶのが肝要で、俸禄の多寡は問うところではない。大禄を得ても暗主に仕えては、士の名節が汚れるのである。武蔵すでに義直の明主たることを知り、また、義直がおのれを愛する意あることをも知り、この君によって為すことあらむとしたならば、大導寺より食禄並びに身分取り扱いの希望を問われたときに、

「自分はこれまで仕官の念は絶っていたのであるが、当君公の明君であらせられることをうけたまわり、また、貴殿のおすすめもあっては仕官の心が起こったのである。それゆえ、時々《じじ》お側にでて親しく明君の徳をあおぐことができれば、そのうえの満足はありませんから、食禄や身分のお取り扱いなどは、おぼしめししだいでべつに望みはありません。そのへんはしかるべく……」

と、ナゼこういう意味に答えなかったのであろう。そうすれば五百石は給与せられる、君側へでる道は開ける、したがって宿志を行なう機会を得たであろうに、惜しいことであった。

第十一話

尾張の武蔵門弟の教育に励み円明流を拡げる

意外に狭い器量千石に固執した武蔵の失敗

私は、また、武蔵が千石ときりだしてそのことの行なわれなかったのちにも、なお十分に熟談の余地があったと思う。武蔵が武芸一偏で仕官を望んだのなら、すでに千石ときりだしたうえは千石が一石欠けてもとがんばったほうが、そのことは行なわれなかったにもせよ名誉かもしれぬが、かれの志望はべつにあったのである。

さすれば、禄の多寡よりも君主の知遇いかんに重きをおかねばならぬ。義直すでに武蔵を武芸の名人と認め、また、その人柄をも認め、軍学などの学術をも聞知したうえは、知己の君に会ったといわねばならぬ。こういう場合には少しく屈しても、その志望の途に就くのが当然であって、屈しても屈したにならぬ余地がある。

それはなにかといえば、義直はことばをのこして「自分の定めを破ることはできぬが五百石ならばいつでも抱える」といわれた。そのことばを受けて、大導寺が「しばらく五百石でしんぼうしては」とすすめたときに、

「君公において、私の武芸では五百石以上はだせぬとのおぼしめしであればもはやそれまででありますが、お話によれば、千石を過分とは思わぬがお定めに違《たが》うからとのおぼしめしである。そのおぼしめしはいかにも道理あることと拝承いたします。かくのごとき明君へ仕えるは士たる者の名誉と思いますから、食禄はおぼしめししだいで犬馬の労を尽くしましょう。万事、貴殿へおまかせ申します。なにぶん御前によろしく」

とでたら、屈するどころかかえって立派である。

そうすれば、大導寺や年寄よりそのことを申してる。かくまでわれを思うか、と義直も喜んで召し抱える。そのあいだに君臣の情宜も深く

結ばれて、その志望をとげるにきわめて便宜であったろうと思われる。これ、私が重ねて武蔵のために惜しむところである。

私は武蔵が千石ときりだし、そのうえ、どこまでも千石でなければとつっぱり通したのは、いかなる趣意からでたのかということについて疑いが解けぬ。あるいは柳生その他のひとびとが五百石で抱えられたゆえ、それらのひとびとと同一視せられるを恥じて千石ときりだしたのであろうか。

はたしてそうでありとすれば、武蔵も案外、局量（器量）の狭い男である。事情に疎い男である。局量が狭くて事情に疎いときては、そのいわゆる政治思想も思いやられる。かつ、武芸の上についていえば、柳生兵庫もまたこれ一個の名人、武蔵と難兄弟《なんけいてい》（兄たり難く弟たり難い）のあいだにありといわねばならぬ。ひとり武蔵が異を求めるわけはない。もしまた、千石ぐらいの食禄がなければ政治に口をだすに幅が利かぬと思ったのであろうか。それならば、それも迂闊な思想である。

二十万石以下の大名であれば千石の家来は立派な身分であるが、尾張は大藩で万石以上の家来が五、六人もあり、五十石、百石の家来より五、六百石のほうが多かったというほどであったのだから、千石ぐらいではふつうの侍で、べつに幅の利く身分でない。また、君主の顧問というほうよりいえば、二、三百石の儒者もあった。武蔵が千石を固持する理由は、いずれの方面からも見いだせぬ。この間の消息を明白にしたいと思うが、これ以上の材料がないので、しいて断案をくださないでおく。

新陰流名人長野五郎左衛門との親密な交際

その後武蔵は再度の機会を待ったのであるが、仕官はまったく断念してただ流儀を広めることに心を傾注し、ひさしく尾張にいて門弟を教育した。それゆえ、尾張の円明流はなかなか発達して、後世その門流の師範家が建てた紀功碑とでも称すべきものが二個所もある。そのことは『武蔵伝』にも載せてある。

さて、武蔵が尾張において志望を達し得なかった顚末《てんまつ》は前のとおりであるが、その尾張にいたあいだに、二個の興味ある話がある。これは武術家の参考になろうと思うから、ついでに話しておきましょう。

武蔵が名古屋にいた頃、尾張家の侍に長野五郎左衛門という新陰流の名人があった。この長野のことは『張《ちょう》藩師系録』『近松茂矩の昔咄《ばなし》』などにもだれの弟子ということが書いてないが、とにかく名人であったと思われる。武蔵も長野の名を聞いていたので、試合をしてみよう、と一日長野の家へいって姓名を通じた。長野はよろこびつつ出迎えて、

「当方よりおたずねいたそうと思っていたところである。ようこそおいでくだされた。サア、お通りください」

と、さきに立って書院に案内する。茶菓がでる。よもやまの話から、双方好きな武芸談に移った。すると長野が、

「前年、三十五箇条という写本を見ましたら貴殿のお名前があった。アレはまったく貴殿のお書きなされたものであるか」

と、問うた。武蔵、

「いかにも、拙者の書いたものに相違ありませぬ」

と答えると、長野、片頰《かたほ》に笑みをふくみながら、

「珍客にたいして近頃粗忽《そこつ》な申し条であるが、アノ中にはよほどお書き損いがあるように思われる。いかがでござる」

といえば、武蔵思わず頭をかいて、

「イヤなんともお恥しきしだい。じつは若年のとき書きましたのでいままでは後悔しておりますが、それからそれへと書き伝えられましたので、いまさら取り返しもつかずそのままにしてあります。しかし、アレを書き損いといってくださるのは貴殿一人である。まことにたのもしいことでござる」

と、うちくつろいで話し合ううち酒がでる。主人の所望で席書き（集会の席で書画をかいて見せること）をする。半天（中天）の歓を尽くして立ち帰った。その後、長野よりも訪問する。武蔵が名古屋にいたあいだは、たがいに往来したとのことである。

武蔵が長野を名人と認めたのは、かれが三十五箇条を直接に駁撃《ばくげき》（他人の意見などの欠点を攻めとがめる）せずして書き損いといった辞令の巧みなること、三十五箇条に誤り多きを看破した眼識の高いのによって刀術に造詣の深いのが推測せられること、この二個である。これらの名人になると、談笑のあいだに一勝一敗があるる。木刀を執って伎倆を比試するの必要がないから、武蔵も試合のことは忘れてしまった。

また、後年、武蔵より細川侯にさしだした三十五箇条というものは、そのときはじめて書いたようにいってあるから、長野が批難した三十五箇条とは別物と思われる。思うに武蔵がまだ刀術に円熟せず、真理を認識するに至らなかった時代に書いたのが長野が批難した三十五箇条で、武蔵自身もその過ちを悔いて、打ち捨ててしまった。

後来（この後）、技術も思想も老熟し、とくに細川侯へさしだすために書いたのがのちの三十五箇条と思われる。ただ、条数を前と同様に三十五箇条としたのは、なにか武蔵は考えがあったのであろう。それゆえ、こんにちよりいえば、のちのぶんを改訂三十五箇条と見れば大差あるまい。

「活きた人がくる」武蔵が見た柳生兵庫助

また、武蔵がやはり名古屋にいた頃のことである。門弟一人と草履取りを連れて、人を訪問するためにでかけた途中、むこうより両三人の供を連れた侍がくる。これを見た武蔵が足を止め、門人をかえりみて、

「コレ、おれはひさしく活きた人を見なかったが、アレ見よ、むこうから活きた人がくる」

といったので、門弟も気をつけてよく見ると、歩みぶりは疾からず遅からず、一定の歩調を取ってくるのであるが、すでに相応の年齢と思われるのに、全身に気が満ちわたっているように見える。そのうち武蔵は心になにか思いだしたようすで、その侍が近くくると、武蔵は一足進んで、

「失礼ながらちょっとおたずね申す。もしや貴殿は柳生兵庫助殿ではござらぬか」

といえば、

「いかにも拙者は柳生兵庫でござるが、貴殿は宮本武蔵殿ではござらぬか」

「さよう、武蔵でござる」

と、ここであいさつがすむと、しばらく話すうちに兵庫は、

「なにぶん途中ではしみじみお話もできぬ。おさしつかえなくば、これより拙宅へおいでくださ

れてはいかが」

と、いう。武蔵、

「じつはこんにちはあるひとをたずねる心構えででたのであるが、それは約束でないゆえこんにちにかぎるわけでもござらぬから、お近づきのためおことばに従いましょう」

とて、打ち連れて柳生の宅へいった。

柳生の宅では珍客として饗応せられる。話は調子づく。その日は夜に入って帰ったが、それよりたがいに往来した。なにしろ刀術において は名人同士であるゆえ、試合をしたところで勝負のつかぬはわかっているので、試合のことは話にもでなかったが、刀術上の知識は交換せられる。ことに当時の武人としては双方とも学問はあり、多能であったから話に実が入る。

また、碁が好敵手であったので、木刀ではなく烏鷺《うろ》（からすとさぎ。黒と白。碁石）の試合に鎬《しのぎ》を削った。武蔵が名古屋を去るときには、兵庫は深く別れを惜しんで、遠く見送ったとのことである。

ある書には、武蔵が柳生兵庫を見て活きた人だといったのを評して「これらは理外の妙にていかなることにて活き人と見たかと武蔵に問うとも、かくのごときゆえと口にいいがたかるべし、この類を妙という」とあるが、これは理外どころではないふつうの理で、だれにてもわかることである。

武蔵が、活きた人、といったのは、柳生の五体に気が満ちわたって、どこにも寸分の透きのないのを指したのである。孟子が浩然の気を説いたところにも「志は気の帥《すい》なり。気は体の充つるなり」といい、「その志を持《いまし》してその気を暴《そこな》う（乱す）ことなかれ」と戒め、「行ない心に慊《あきた》らざることあれば餒《うゆ》（飢）る」といっている。約言すれば、道義を根底として、その気を養うて飢えさせぬようにすれば、気は常に五体に満ちわたるというのである。

それゆえ、孟子の養気法なり、また他に練心法なりを修めたひとは、自宅に安居して、心広く体胖《ゆたか》なりというときでも、気は五体に満ちている。まして、道路を歩むときはもらろんである。武芸もまた気力を養うことができるから、良く修業すればだれでも活きた人になれるのである。ただ、学問から得きたったものにくらぶれば、ある場合において、少しく不安を感ずるところがあるだけだ。

これらのことを仔細に説くと、講話が脇道へはいるからこれでやめておくが、元来、学者はもちろん武術家もことごとく活きた人でなければならぬはずであるが、それに活きた人の少ないのはその道を修めぬからである。その道を修めねば、六尺の体も蝉《せみ》の抜け殻《がら》と一般（同様）である。

兵庫でも武蔵でも、さすがは刀術一流の名人であるから、その気は五体に満ちわたっていたのである。しかし、武蔵がひさしく活きた人を見なかったといったのによれば、この頃の武芸者も活きた人になるまで修業したひとは少なかったと思われる。この当然のことを、理外の理だの妙だのと評したひとは、武芸の名人を評する資格がない、と偉そうにいうではないが、じつはそのとおりだ。

武術家諸君　ちょうどよい問題がでた。自身は活きた人であるか、蝉の脱け殻と一般であるか、自惚《うぬぼ》れの心を去って、深夜ひそかに自身を自身に省察してみたまえ。これはもっともたいせつな修業である。

平生、竹刀を麻幹《あさがら》（麻の茎）のように振っても、サアというときには活きた人でなければ間に合わぬ。しかし、奴凧《やっこだこ》のように大手を振って、鳶《とび》の兄弟分のように肩を怒らせ、蟇《ひき》流に大道をのさばり歩んだとて、荷車に突き当たるか電車から注意せられるだけで、それが五体に気の満ちて活きた人だとはいわれぬ。それは養気法などのほうからいえばむしろ反対である。このだん前もってお断わりしておく。例の老人の憎まれ口と鼻の先ではね飛ばさずに、本気になって聞いてください。

第十二話
尾張を去った武蔵は鎮西の雄藩黒田家に志を寄せた

筑前黒田家武蔵志を抱いて博多をめざす

武蔵は名古屋にても志を得なかった。志望のうえからいえば失敗の歴史を重ねたのであるが、円明流を広めたうえからいえば成功であった。円明流の門弟中より、二、三そうそうたる者をだしている。その系統で尾張家の師範家になったのもある。また、三百六十の諸藩中でも、円明流のさかんに行なわれたのは、尾張などは屈指の一藩である。

さて、武蔵の志望が尾張で失敗したうえは、つぎに武蔵のいくべきところは、さしづめ紀州家である。紀州の藩祖頼宣《よりのぶ》は家康の十男で剛邁《ごうまい》（気性が強く積極的なこと）闊達《かったつ》（心が広くて小事にこせこせしないこと）の英主。鄭成功（明末の遺臣。明室復興のため清を攻めた）が中国より援兵を請うたときには、十五万の貔貅《ひきゅう》（猛獣の名。転じて勇猛な兵士）を駆って四百余州を蹂《ふ》み躪《に》じるといいばったひとで、尾張と肩をくらべる大藩ではあり、ことに自身武芸を好み、各種の武芸について天下の名人上手を網羅せむという希望であった。

そこへ武蔵がいけば、歓迎せらるるに相違なかったであろう。かの居合の名人田宮長勝を八百石で抱えた例もある。これは（田宮が）池田家へ仕えたこともあり、その権衡《けんこう》（つりあい）もあったからであろうが、とにかく居合にさえ八百石だしたほどのひとであれば、武蔵が千石ときりだしても、尾張のような論は起こらなかったと思われる。

もっとも、一面そういう便宜があれば、他の一面には、すでに多数の名人が召し抱えられているので、後より召し抱えられた者が一人信用を得て、武芸以外の志望を達せむとするには、あるいは不便であったかもしれぬ。それらのことを考えたためか、良い推薦者を得なかったためか、武蔵が志を紀州家に寄せた形跡は見当らない。

武蔵が尾張を去ってから志を寄せたのは、自身に縁故ある黒田家であった。前にもお話ししたとおり、黒田家は父無二斎が与力した家で、その家士には無二斎の親戚もあり、弟子もあった。武蔵も少年の頃、黒田家にいたと思われる。『丹治峯均筆記』中、武蔵が九州に赴くときの叙事中に「古郷といい武勇といい黒田のお家がた云々」とあり、また本多家のほうの伝書に「寛永十五年博多に寓居し常に黒田家の重臣と往来し、門弟小川権太夫宅において門弟を集めて稽古す」とあれば、黒田家との縁故がわかる。

思うに、武蔵は名古屋を去って、また江戸にでた。江戸にいた年月はわからぬが、そのうち肥前の島原に一揆が起こって、九州の諸大侯はことごとく出陣する。その中には自分の養子伊織が仕えている小倉の小笠原家もあり、伊織も出陣と聞いたので陣（中）見舞として島原におもむき、伊織を補助して戦功を立てさせた。島原の役が終わっていったん小倉へ引き揚げたが、その年のうちに博多へいったものと思われる。

黒田家は筑前一国を領し、九州においては島津家につぐ大藩侯で、当主は侍従《じじゅう》忠之であった。忠之については、島原の役に戦功を立てたあと鍋島侯とともに長崎の戎衛《じゅえい》（国境などを守り固めること）を命ぜられたほか、私はまだその伝を詳《つまび》らかにしない。

しかし、たとえその雄謀機略が祖父孝高《のりたか》に及ばなかったにせよ、たとえその英遇武勇が父長政に劣ったにせよ、武勲の家柄ではあり、偃武《えんぶ》（戦いをやめる）後まだ程もない時代であったのだから、武という観念は十分あったにちがいない。とくにその母は家康の養女というので、他の国主よりもほかにたいする勢力があった。武蔵が黒田家を見込んでいったのは、見当ちがいではなかったといってよかろう。

禄高三千石武蔵が自分につけた高額正札

　武蔵が博多へいたうちに、武蔵を黒田家に推薦したひとがある。そのひとのたれということはわからぬが、武蔵は重臣とも往来したといえば、かならず身分があって、忠之と直接に話のできたひとと思われる。

　そうして、あとにお話しするところと参照してみると、この推薦者の考えでは、多くのひとと相談するとまとまりもわるく、また話が他に漏れて故障が起こっても面倒だから、よく忠之に申し込み、忠之の口より召し抱えのことを発表してもらえばつごうがよかろう、と。それでごく秘密に忠之にすすめた。

　その口上は、武蔵の武芸を称賛し、かくのごとき名人をもって若殿のご師範役となされたならばしごく結構でござりましょう、というもので、愛の点から急所へ切り込んだものと思われる。この若殿というのは幼名槌万《つちまん》、のちに光之《みつゆき》と称したひとで、当時たぶん十歳くらいであったろう。そこで召し抱えの禄高を三千石ときりだした。

　しかるに忠之は「ギャッ」と生まれてから大大名の若殿様で成長したのだから、槍先の苦心やひとを召し抱える相場などわからぬ。若殿のご師範役という愛にひかれて「三千石、ウンよしよし」と受け込んでしまった。こういうと、義直や頼宣は大名より一段上の将軍の子でないかと半鐘を打ち込むひとがあるかもしれぬが、これらは屈指の英主で除外例だ。ふつうの大大名は、ここらが上等の部類であったと推測せられる。

ちょっとここで私の感想を述べますが、尾張では千石ときりだした者が、なにゆえ黒田家で三千石ときりだしたのであろうか。禄高は推薦者の意思でさだめることはできぬ。武蔵の意思を聞いたに相違ない。さすれば三千石は武蔵の意思にでたのである。これはいくらか値切られると思って、嵩《かさ》をかけたのであろうか。まさか武蔵にそういう卑劣心はなかったろう。よって、当時の事情と武蔵身上の事情とを総合して推察するに、私の心頭に浮ぶ理由が三つある。

当時、武芸の名人は諸侯の家々よりでた者または格別の由緒ある者のほか、第一流は幕府および尾紀越前などの親藩へ、小藩でも老中などの要路にある家々へ、吸収せられたかたちがあって、国主でも容易に第一流を召し抱えることができなかった。これ、その一なり。

尾張は当時ひじょうに勢力のある幕府の親藩で藩主は賢明の聞こえ高き義直、黒田は鎮西の雄藩にもせよ勢力の大小、領土の広狭などすべての点で尾張に一籌《いっちゅう》を輸して（勝負に負けて）いた。これ、その二なり。

また、武蔵が博多にいったときには、年齢がすでに五十になっていたので、志望の念も前よりは薄くなってあまり熱中せぬ。それゆえ、大藩で三千石だして召し抱える者があれば、相応の身分を得るので志望を行なうに便宜である。もし召し抱える者がなかったにしても、武芸のために気を吐くにたる、とこう考えた。これ、その三なり。

この三個の理由からして、三千石と割りだしたのであろう。

ある日、忠之は重臣以下列座の前で、

「兵法無双の武蔵が博多にきているとのことである。槌万の師範役として三千石で召し抱える。一同さよう心得よ」

と、いった。

あまりふいであったから、満座みな顔と顔とを見合わせて、一言可否をいう者がなかった。なかんずくおどろいたのは重臣らである。重臣の中には戦場往来が自慢で、大胆が呼び物になっている老人もある。それがなににおどろいたかといえば、三千石というかけ声におどろいたのである。

この頃までの武士は、いくど戦場を経ていくつ首を取った、一番槍で一番乗りをいくどした、感状をいく通もらった、などということが重んじられていた。槍先で三千石といえば、何家の某《なにがし》と少なくも隣国ぐらいまではその名の知れたひとである。

こういう風習のところでは、武蔵が福来の城乗りが事実だとしても、それはただ少年の大胆というだけで、いまは黒田家のひとにすら忘れられている。その他武蔵の戦功ということにわれわれが信をおかぬはもちろん、当時、黒田家重臣らの眼にも映じておらなかったと見える。いかに剣術が名人にせよ、戦場の功のない者を三千石で抱えるとあっては、家中の武士が大沸騰を起こすに相違ない、というのが重臣のおどろいたゆえんであると思われる。

第三回の挫折破談の理由は武蔵の異相だった

さて、その場ではたれ諫むる者もないのでそのままにすんだが、あとで重臣らが相談したのか、または思慮ある重臣の了見であったのか、とにかく推薦者よりは一段上役の者で、内々《ないない》、忠之を諫めた者があった。試みにその諫めた趣意を推測するに、こうであったろう。

若殿ご修業のためにご師範役をおかせられることはしごく結構で、われわれとても望むところでござりますが、武蔵についてはいろいろの故障がござります。武蔵の兵法は世上に知れわたったもので、そのへんにはだれも異存を申す者もありませぬゆえ、殿が若殿のご師範役におぼしめすのはしごくもっともでござりますが、殿はまだ、武蔵の人相をごらんになりませぬ。

かれの眼は大きくて凹み、爛々《らんらん》と光り、口も大きく、鼻は尖り、顴骨は高く、髯《ほほひげ》は荒れ、身の丈は六尺にも近い。そのうえ、衣服なども異様でけっして改めませぬ。ふつうの女子どもは一目見て震えます。

若殿は武勇のお家にご成長ゆえさようのことはござりませぬにもせよ、なにぶんまだご幼年のこと、かれをご師範役になされてもけっしてお親しみなされまいと思います。ご師範役となれば衣服などは改めさすこともできますが、天然の異相は改めるわけにはまいりませぬ。私どもの愚考するには、ただいまのお相手は温和な者に仰せつけられ、十四、五歳におなりなされたうえで、きびしいご師範役をおつけなされるほうがしかるべく思います。

また、家禄三千石はご当家のご身代ではさしたることでもござりませぬが、しかし三千石頂戴いたしております者は、ご譜代ならば先祖いらい忠勤を尽くした者、ご先代様に随身いたした者ならば数度の戦功を励みました者、いずれも相応に重きお役目をいたしております。いかに兵法に達していても、お召し抱え三千石はご家中一同の思惑もいかがでござりましょう。そのへんもいま一度ご賢慮を願います。

それはまずそれといたしましても、ほかにいま一つのさしつかえは、武蔵はまえまえより仕官の望みなしとて他家よりの召し抱えを断わっているとうけたまわりました。はたして左様のわけでござりますれば、表向き当人へお召し抱えのごさたのあったうえでお断わり申し上ぐるようなことがありましては、ご当家のご外聞もよろしくありません。かたがた、このたびのお召し抱えはお見合わせに相成り候かたしかるべきか。なお、ご再考を願います。

――と、概略こういう意味であったろうと思われる。この推測は当たらずといえども遠からずである。つまり、武蔵が平素《へいそ》口実とした不仕官の三字を、とんだ不利益のほうへ利用せられたのである。

忠之もこういわれてみると、前に公言したのが少々軽はずみであったことに気がついた。そこで二、三日ほど経てまた表へでたとき、列座の諸臣にたいし、

「さて、先日宮本武蔵を召し抱えるといったが、聞けばかれは異相であるとのことゆえ、幼年の者の師範には不相応と思う。それのみならず、かれは以前より仕官の望みなきよし申しおるとのことであるから、かたがた召し抱えは見合わせた」

といわれて、武蔵召し抱えのことは立ち消えとなった。

武蔵推薦者のほうでは、先日忠之が召し抱えると公言せられたとき、異論者があったならそれぞれ防御方法をこうじたであろうが、異論者がでなかったゆえ、さだめて安心して強飯《こわめし》の用意でもしていたのであろうに、突然取り消されたので、一大驚を喫したであろう。この忠之の行動は、あたかも、大驟雨がこようとして速か

った雲脚がたちまちほかへそれたようなありさまであるが、これはまったく無邪気からきたのである。

こういうひとは良佐（主君のたすけとなる立派な家臣）の善導を得れば明君になれるゆえ、武蔵も信用を得れば志望を達するに容易であったかもしれぬ。しかし、忠之はみずから武蔵の伎倆人物を知って召し抱えようとしたのではなくて、推薦者の言を信じたのである。それゆえ、他より道理ある諫めがあれば、またその言を聞いたのもあやしむにたらぬ。とにかく、これが武蔵の志望における第三回の頓挫である。

読者諸君に申す。本講演もあまり長くなるゆえ本年中に終結する心算であったが、細川侯に抱えられたことと試合についての腹稿がまだのこっている。これを捨てるもいわゆる鶏肋（たいして役に立たないが捨てるには惜しいもの）で少々惜しい気がするので、いま二、三回継続します。その後にはおもしろい趣向で講演するからお待ちください。

第十三話

晩年の幸福細川家十七人扶持玄米三百俵大組頭格

我等事只今迄奉公人と……一家中も無之候

武蔵はその志望のうえにおいては黒田家で第三回の頓挫に会った。その後細川家に召されたのであるが、細川家へ召されたのは寛永十七年（一六四〇）で、そのときは小倉にいたのである。武蔵が細川家と縁故のあったのは佐々木小次郎との試合以前よりのことで、とくに武蔵の腕前は、細川家で天下の名人と信じていた佐々木小次郎を一撃のもとに倒し全藩の耳目を聳動《しょうどう》（恐れおののくこと）させたので、知られている。

本多家のほうの伝によれば、細川の藩士で武蔵の高足弟子と呼ばれた寺尾孫之丞は、武蔵が博多にいた頃、すでにその門下であったとある。藩主忠利は、諸方面から武蔵の武術人柄などを聞き込み深くそのひとを信じておられたので、武蔵が小倉に遊んでいると聞き、ついに召し抱えということになったものと思われる。

武蔵がこれ以前、幕府といい尾張といい黒田家といい、志望のうえにおいて三回の頓挫を重ねたのは推薦者があったのであるが、そのじつは武蔵自身より招聘を希望したのである。しかるに細川家について武蔵の心中に立ち入れば、黒田家で志望の途につくことができなければ細川家へ、との希望を抱いていた形跡はあるが、まだその運動に着手した形跡は見えぬ。

そこへ細川家より招聘となったので、万事つごうがよい。それゆえ、武蔵は以前の三回とちがい、十分に自己の希望を述べる機会を得た。また、武蔵もおいおい年を取って処世術に慣れたゆえ、倨傲《きょごう》（おごりたかぶること）のふうの表面に顕われるのが少なくなった。これもまた、応接などに便宜を得た。

忠利は岩間六兵衛という者をもって、召し抱えの相談をさせ、身分取り扱いなどの希望を（武蔵に）問われた。武蔵は取り次ぎでは自分の意思が忠利に貫徹せぬ恐れがあると思ったので、書付をもって忠利の取り次ぎ役たる坂崎内膳あて申し出た。

　これがなかなか如才のないところである。口であまり大きなことをいうと、法螺《ほら》を吹くとか謹慎を欠くとか批難が起こりやすいが、書付だとそれが少ない。また後日、君の前で説くときにも下地ができていて、説きやすいからである。いま、その書付について批評をくだそう。

　坂崎へだした書付に、劈頭《へきとう》（まっさき）「我等《われら》事《こと》只今迄《ただいままで》奉公人《ほうこうにん》と申候《もうしそろ》而《て》居候処《おりそろところ》は一家中も無之《これなく》候《そろ》」と、これは従来掲げきたった招牌（看板）で、その意はいずれの藩においても賓礼をもって待遇せられたことをしめして、後来の地歩を占めむとしたのである。

　つぎに、年老いかつ近年多病でなんにも希望はない、といったのは、仕官を熱望せざる意をしめし、あわせて随意勤（自由勤務）を得る地をなしたのである。つぎに「若し逗留《とうりゅう》致候様《いたしそろよう》被仰付候《おおせつけられそうら》はば自然御出馬之時相応之武具《そうおうのぶぐ》を持たせ参り乗替之一匹も牽《ひか》せ参り候様《そろよう》に有之候《これありそうら》へば能《よ》く御座候《ござそろ》」と、これは身分の取り扱いを、当時の風習に従い体裁よく申し立てたのであるが、このことはなお、のちに批評する。

　ここにお召し抱えといわずして逗留といったのは、ただに間接の語を用いて品格よくいったばかりではない。あくまでも賓礼待遇の随意勤を希望する意をしめしたものと思われる。

武蔵の大胆な口上「時により国の治め様」

ついでだから、当時浪人が召し抱えを求むるときの口上ぶりを話しましょう。何百何十石頂戴したいなどと、禄高の多寡を自分より明言するはきわめて卑劣としたもので、武士は食わねど高楊子、ということわざの行なわれたのもこの頃のことである。

もっとも信友（心友）の秘密談にはうちあけて石数を指したこともあろうが、けっして公言はせぬことであった。武蔵が尾張で千石、筑前で三千石ときりだしたのも、その推薦者が信友であったから内々うちあけたか、さらずば推薦者が武蔵の意中を察してさだめたものと思われる。

しからば、禄高についてその希望を公言するにはいかなる形式によったものかといえば――

「錆槍の一本も持たせ候様《そろよう》に」といえば、百石でも蔵米のあてがいではなく知行取りにという意味である。「せめて痩せ馬の一匹も繋ぎ申す様に」といえば、まず三百石の知行にという意味になる。「乗り替えの一匹も繋ぎ申す程に無之《これなく》ては」といえば、知行五百石以上ならではという意味であったとのことである。これらの例によっても、ほぼ武蔵の意を察することができる。しかし、武蔵の申し立てについては、なお、ほかに参照する記録がある。

さて、そのつぎに「妻子とても無之老体に相成候へば居宅家財等の事思《おもい》も寄らず候」とあり、これは読んで字のごとしというべきであるが、その意を推究すれば、禄高はたくさんもらうにおよばず、広い屋敷や家具などはどうでもよいが、身分だけは相当でなくては、との意思がふくまれている。

高禄と身分とを併有せむとすれば故障が起こ

りやすい、たとえ故障は起こらぬとするも、客分と随意勤との希望は捨てねばならぬ。それゆえ、老体と無妻子とを申し立て、名を取り実を避ける道を取ったものと思われる。

そのつぎは一点書《いってんしょ》（個条書き）として、第一点は若年より軍場に出たることとつごう六度、そのうち四度は一番駈けであった、しかし身上の申し立てにするのではない、と断わってあるが、これは当時戦功をたっとぶ風習であったから、兵法が上手というばかりではない、戦場も踏んでしかも遅れを取ったことのないのをしめしたのである。

第二点は軍陣において武具のあつかいに便利なことを知っているとのことであるが、武蔵は自身で武具を製作したほどであれば、武具の研究はもとより当然である。ただあやしむのは、なにゆえここに軍学のことを挙げなかったろう、武蔵は常に、刀術をもって小の兵法軍術をもって大の兵法、と称していたゆえ、軍学は兵法のほうへこめて、（ここではあえて）いわなかったのであろうか。

第三点は時により国の治め様とあり、このことはこれまで暗に意想（考え）をしめしたことはあるが、明言したことはない。武蔵が中年以後の志望はこの第三点にあるはいうまでもないが、それにしてもこれを公言したのは、じつに大胆である。

しかもその末尾には「右者《みぎは》若年《じゃくねん》より心に懸《かけ》数年致鍛錬候間《たんれんいたしそろあいだ》御《お》尋《たずね》に於《おい》ては可申上候《もうしあぐべくそろ》以上」と、保証している。治国の道に長ずるというのもこの鍛錬のうちに入るとすればますますおどろかねばならぬが、治国のことに鍛錬の語は不倫（人の道にはずれること。ここでは適切でないの意）であるから、これは取り除けと見るが当然だろう。

挫折から得た知恵禄を求めず身分を得る

武蔵召し抱えの記事を集合するに、忠利より「何ぞ役儀《やくぎ》に望《のぞみ》もあらば可申出《もうしいずべし》」と問はせられたるに、（武蔵より）「望と申儀《もうすぎ》は無御座《ござなく》候《そうら》得《え》共《ども》御備《おそなえ》は御預《おあずか》り申度《もうしたし》」と被仰上《おおせあげられ》たるに、上にも左《さ》様《よう》被仰付《おおせつけらる》べき筈《はず》の処《ところ》御家老衆様「新参之者に御備御預りと申儀は如何敷《いかがはしき》」との事にて直ちに御備《おそなえ》頭《がしら》列《れつ》に被仰付云々《うんぬん》とあり、また忠利より「何分にも望に任すべし」となり、武蔵御答に「仕官の望なき段は異なる形にても御察し下さるべく候。肥後にて命《めい》終るべしと存《ぞんじ》罷下《まかりくだ》れり、何《いず》方《かた》へも参るまじ。御知行《ごちぎょう》は勿論の事御米《およね》にても極《きま》りて被下《くださる》に不及《およばず》、兵法に値段つきて悪《あ》し、鷹《たか》を使ふ人様《ひとよう》に被仰付候《おおせつけられそうら》へ」となり、また「新免武蔵は名高き兵法者にて御座候へ共《ども》御客分にて御備頭列の御取扱にて擬作《ぎさく》三百石被下置《くだされおく》と申すは中々重き御取扱にて御座候はずや」との問いもあり。

これらの記事は、言語は異なっても帰するところは同一である。これによっても、武蔵が数度の頓挫に遇った閲歴によって辞令に巧みになったことが知れる。

まず、肥後を終焉の地とさだめてきたから外へはゆかぬ、の一語は、その地を領する忠利の心を動かすにたる。また、年老いて妻子もなければ家宅器具などに所望のないといったのは、食禄の多きを望まぬ淡白な意思をしめすにたる。以前は食禄が多くなければ身分が得られぬ、身分を得ねば自分の名誉も上がらぬ志望も達せられぬ、と思ったので、食禄のことがさきになった。

これはもっともなことではあるが、しかし食禄が多いと、なぜ新参者にという故障が起こって行なわれにくい。武蔵も年は取るし、その志望について、熊本は背水の陣だ。そこへさいわいに藩主より招聘ときたので、こんどは禄を求めず、身分のみを得る方針を取った。

それもただはせぬ。従来招牌としている不仕官の三字を持ちだして、奉公人になったことは一度もないといい、仕官の望みなきは異なる形にてもお察しくだされたいといい、さらにご知行はもちろんお米にてもきまりてくだされ候は兵法に値段つきて悪しといったのは、すなわち客分の取り扱いとしてもらいたいということ、異様の風体《ふうてい》を改めずにいたいということ……などの意味である。

異様の風体は他の武芸者と別異（区別する）せむとする武蔵の意思にでたもので、これまた一個の招牌であったのだから、改めるを好まなかったものと思われる。

さて、身分の取り扱いについて、ただ客分というだけでは志望を行なうに不十分である。そこでいま一つ、公事上の地位を得ねば重みがない。これを要求する辞令もまた、巧者であった。それは前にお話ししたとおり、ご出馬のとき相応の武具を持たせ乗り替えの一匹も引かせといい、鷹を使うひとといい、御備えは預かり申したしといい、こういろいろになっているが、つまり意味は同一に帰するのである。

そのわけは——

戦陣に相応の武具を持たせ乗り替えを引かせるといえば、徒従の多いことがわかる。鷹狩は武家時代すなわち鎌倉以後、服装の形式などは軽便になったが、身分のあるひとでなければ許されなかった。

肥後藩の制度は調べてみないが、私の少時の友に高須という家があった。その家は徳川家康が明智の乱を避けるときに功労があったので、郷士で五百石もらって鷹野を許されていたが、五百石で鷹野を許されたのは特例であると聞いている。それゆえ、鷹野を許されるひとは、大藩でも大物頭以上ぐらいであったろうと推想せられる。

また御備《おそなえ》預《あずかり》という武蔵の希望を忠利は許されようとしたが、新参の者にはいかがという家老の評議で、「御備頭列」とさだめたとある。列とは当時並または格といったと同様で、こんにちなれば准あるいは待遇と同じものだ。御備預といえば藩主の前後に備える軍隊の長で、大物頭、士《さむらい》大将などと称すべきものであろう。

新参の者にという意味の中には、藩主を護衛させることの危険と、にわかに実権を与えすぎると他の不平をひき起こす恐れがあるのと、この二つをふくんでいるかと思われる。そこで列として実権を与えず虚栄にとどめたのであろう。すなわち前の三個は、結局、ほぼ同一に帰するのである。

細川忠利の死去夢と終わった武蔵の政治志望

こういうわけで、武蔵は客分として十七人扶持に玄米三百俵を与えられ、座席は『武蔵伝』によれば大組頭格というので召し抱えられた。

とくに忠利は武蔵を愛することが深かった。ご知行はもちろんお米にてもきまりてくださると兵法に値段がつきて悪しとの武蔵の言を信じ、武蔵に渡される合力米は「合力米といわず堪忍分の合力米として渡せ」と注意せられ、すべての給与にもそのひとをさだめ、屋敷を与え、鷹野をも許された。

武蔵はこれではじめて志望をとげるに必要の君主と地位を得た。さだめて多年の蟄懐《ちっかい》（不平の心）を開き、顰眉《しゅくび》（顔をしかめること）を展《の》べたであろう。

また、忠利は英俊のひとで、心を政治にも用い、幕府の信用も厚かった。とくに武芸を好み、柳生流なども修められたが、武蔵を召し抱えたのちは、従来学んだところを捨て、もっぱら武蔵の指導を受けられた。その翌寛永十八年（一六四一）二月に、武蔵は忠利の所望により刀術の心得となるべき『兵法三十五箇条』をしるしてさしだした。

私の見た記録には兵法のことばかりだが、そのあいだには例の治国のことも、ときどき忠利の耳に入れたであろう。しかるに、好事魔多し、ということわざのとおりで、武蔵が数回頓挫ののち、雲霧を開いて青天を見るようにせっかく十分の知遇を得た忠利は、その年三月に逝去せられた。

武蔵のためにはじつに一場の夢であったが、しかし武蔵の歴史に花を飾るだけの価値はあった。武蔵は知遇の君を失ったうえに、これよりまったく志望の念を絶って、もっぱら兵法の教授と兵法に関する著書を事とし、かたわら春山和尚に参じて禅学を修めていたが、忠利の逝去から五年目の正保二年（一六四五）五月十九日に、武蔵もまた没した。

ひっきょう武蔵はその本領たる武芸においては立派に成功したが、中年より起こした志望においてはついに数寄《すき》（風流）に終わったのである。

ただ、私は、武蔵が忠利へさしだした書中に、治国のことを公言した大胆におどろくのである。武蔵は武芸においてこそ名人であれ、政治のことは中年以後に思い起こしたので、もとより施政上の経歴もない。書物を読んだところでたかが知れている。また、その性行が政治家の資格をそなえておらぬことはいうまでもない。ただ、武芸の道理と施政の道理と同一であるから、この道理をもってかれに移せば、かならず利益があると信じたくらいにすぎないのである。

当時は武人政治の初期で、天稟の才識と経歴とで、政治を執ったひとが多い。とはいえ、幕府には寛永（一六二四―一六四三）の十名相と称せられたひとが、前後、輩出している。碩儒（大学者）名僧が参画者となっている。藩主にも尾、紀、水戸、備前、会津などのような賢主がある。堀（杏庵）、野中（兼山）、熊沢（蕃山）などの政治家も少なくない。

肥後も大藩である。しかるに一個の武芸者たる武蔵が、君主にたいし臆面もなく政治に長じておるとの大言を放ちしと聞きながら、批難したひとも、憤慨したひとも、拒絶せむとしたひとも、冷笑したひとも、いっこう聞こえておらぬは、じつにふかしぎである。

私がこの批評をするのに、武蔵側の書を見て他の書を参照せぬゆえ、その事情がわからぬのか。忠利へだした書面があまり外へ漏れなかったので、ただ二刀の名人がお抱えになるのだと思っていたゆえ、批難も排斥論も起こらなかったのであろうか。肥藩の政治家は一笑に付して度外におき、武蔵がただちに藩政に関係するのではない、なにをいっても藩主さえ賢明であれば取捨ができると思ってなんにもいわなかったのであろうか。御備頭列として実権を与えなかった老臣の評議中に、種々の意味がふくまれていたのであろうか。真に武蔵に治国の才ありと信じたのであろうか。そのへんはいっこうにわからぬ。

第十四話

武蔵は武芸における天稟の五条件を完備していた

天稟か修業か武芸の名人上手に二つの型

宮本武蔵の志望については、数回を重ねてようやく前回までに批評し終わった。これから武蔵の名高い勝負について一、二の批評を試みる考えであるが、その以前にいま一つ話しておかねばならぬことがある。

それはなにかといえば、武蔵にかぎらず武芸の名人上手と呼ばれたひとには、武芸の発達が天稟《てんぴん》にでたのと修業によったのと二つの差別がある、ということである。もっとも、天稟にでたのも修業によったのも、いくべきところまでいってしまえば、そのうえの微妙に属する研究はそのひとの腹から練りだすのであって、真理に二つはないゆえ、天稟にでたのも修業によったのも同一に帰着するのであるが、それまでのいきかたがちがう。

剣術を学ぶひとは、剣術の名人と呼ばれた古人の伝を読むさいに、その天稟にでたのか修業によったのかこの二つを研究せられ、自分の性（タイプ）の近いところについて発明（新しく考えだすこと）すると、裨益（役に立つこと）が生ずる。ただ読み終わって、ああ名人であるといったところで、ああ上手であるとおもったところで、田舎漢《もの》が名優の演劇を観たと一般で、なんらの稗益も生ぜねば趣味も薄い。

もっとも、天稟にでたひとにしても、ギャッと生まれたままで、それで名人上手であるかといえば、そうはいかぬ。かならず修業はしたものであるが、修業のしかたがちがうのである。剣術を学びつつある諸君は、武蔵についてもこれらのことの研究がしてあるのはもちろんであろうが、私のいうところもまたいくぶんの参考になるであろうと思う。

近古剣術の名人宮本武蔵、柳生宗冬、荒木又右衛門などは、いわゆる天稟よりでた名人である。しからば天稟にでた武術家とはいかなる長所を具備していたかといえば、躯幹が長大である、膂力がある、胆力がある、相貌に威風がある、心神（精神）が機敏である、この五条件を具備したのが完全の天稟で、その天稟に修業を加えたのが天稟にでた武術家である。

もっとも、天稟にでたひとのうちに、躯幹が短小で、胆力が壮大で、才知がひじょうに発達したひともあるが、それははなはだまれである。またその天稟にも、とくに一部が発達してその他はふつうのひともある。たとえば胆力が大きいとか、躯幹が長大で膂力があるとか、心身の働きが敏活で機を制することが早いとかいうたぐいである。この一部の天稟も良くその発達をはかれば、剣を学ぶにおいてひじょうの利益があるから、ひとびとみずから自己の長所を知って、その長所のますます発達するようつとめねばならぬ。

（さきに述べた）五条件の天稟を具備したひとは、その天稟の能力だけでたいがいの敵に勝つことができる。そこで近古戦国時代の勇士と称せられたひとは、五条件を具備したのはもちろん二、三条件を有したのも、その天稟を資本に、槍剣などの修業をせずしてただちに戦場に飛びだしたのが多い。それが初陣か初陣から二、三回のあいだに自分以上の敵に出会って逃げ場を失えばそれまでの運命であるが、運よくそういう敵に出会わないでいくあいだには、実地で武術の修業ができて、ついに立派な勇士になったのである。

されど実地の修業といってもじつは粗放なもので、たとえば加藤清正が敵に向かえばたちまち槍をもって敵の冑の八幡座を打ち、打たれて敵があおむくところを片鎌で掛け倒したとか、福島正則が左の手に八重小手を掛けて敵の打つ太刀を受け止め、右の手に太刀をふるってかたっぱしから敵を切り倒した、というのたぐいである。

ただ、戦場に慣れるに従って進退駆け引きが敏活になり、少しの機を見てもとっさのあいだに切り込み突きだすという、試合では見られぬ例がたくさんある。この頃は甲冑に身を固めて戦場にでたのであるから、ちょっと鋒刃に触れたくらいでは身体に傷は受けぬ。それゆえ、しぜんに勝負のしかたも粗放であったと思われる。

少年恐るべしその躯幹膂力胆力相貌精神

天稟にでた武術家でも修業に修業を重ねたものではあるが、（かれらは）その修業が成りやすい。また、修業以外の業がでる。まず躯幹が長大で、胆力があり、威風がそなわっておれば、敵を圧迫して敵の気を奪うと同時に、敵をのんでかかることができる。

膂力があれば十分な得物を使用することができるうえに、ひさしきに耐えて疲労せぬ。心神が敏捷であれば、機を見機を制することが疾速で、したがって手足の運転も大小意のごとく敏活にできるから、心身一致の行動がとりやすい。

この天稟の能力をもって修業をすれば、ふつうのひとより十倍も早く発達する。そればかりではない、機に臨むと天稟の能力がしぜんに敵を制する妙手をだしてくれる。妙手というは天稟にでる武術と修業にでる武術とにかかわらず、いずれもしぜんにでるに相違ないが、そのしぜんのあいだに区別がある。

この区別を説くとながくなるゆえしばらくおくとして、さて、その天稟にでるひとが修業をすると、敵に向かえばかならず勝てる、という信念の起こるのが早い。この信念は練心法を修めたのとちがい完全ではないから万般のことに応用することはできぬが、武術においては緊要（最もたいせつなこと）のことである。

武蔵の躯幹は長大で六尺に近かった。膂力は五文目玉の鉄砲二挺を左右の手に、しかも素口のほうを持って左右ひとしく振り回すと、ブーンブーンと声を生じて空中に二個の円形を描いたというほどである。相貌は双眉中に蹙《せま》って髯天に朝し（まみえる）、爛々《らんらん》たる眼光は電《いなずま》のごとく人を射る。この峻厳な英気はふつうのひとを畏怖せしめたのみではない、当時戦場を往来して、猛将と呼ばれたひとをもはばからせた。

胆力の壮大は、小児のときから父の無二斎に舌を巻かせたのでも、わかっている。鋭敏な才識に精細な思慮を用いたことは、私が前に説いたとおりである。したがって、機を見機を制するの敏捷であったのは、いうまでもない。とくにその身体の運転は、敏活以上で趫捷（すばしこい）とも称すべきである。試合中に木の枝に飛び上がったなどの例も伝えられている。

このように、武術にもっとも必要な資格を天から受け得ていたうえに、当時武術をもって天下の名人とうたわれた無二斎の子と生まれ、総《あげ》角《まき》（昔の子どもの髪形）の頃より熱心に剣術を修業し、また研究したのであるから、名人になったのもふしぎはない。

そこで、天稟のことについては、武蔵自身もこういっている。

ちょっとお断わり申しておくが、武蔵の言をそのまま写すと、ながくもなりかつ言語が砂混じりになるゆえ、その意味を概略話します。

武蔵は、若年より兵法の道に心がけ、十三歳のときに新当流の兵法者有馬喜兵衛と勝負をしてこれに打ち勝ち、その後二十八、九歳までのあいだに、諸流の兵法者と六十余度勝負をしたが、一度も利を失ったことがない。三十を越してからその過ぎ去った跡を考えて見るに、これは兵法が至極の地に達していたので勝ったのではない。しぜんその道に器用なところがあって天理を離れなかったのであろうか、または他流の兵法が不完全なのであったろうか、といっている。

武蔵の勝利は剣術の真理に拠った天稟の発動

この他流の兵法が不完全な云々は、いわゆる文章の双敲《そうこう》で、重きをおいた言語ではない。しぜんその道に器用なところがあって云々といっているのが、かれ自身の感悟したところである。約してこれをいえば、天稟の器用が真理に適っていて、それで勝ちを制したものと思う、というのである。かれ、もとよりそれまでに種々修業してあらたに一流を組織してみたほどであるが、そのじつ、天稟の能力が六、七分であったことを認めたのである。

つぎに武蔵は、また、こうもいっている。三十歳以後五十歳までのあいだに、なお深き道理を得むと朝鍛夕錬してみたが、過去のこともおのずから兵法の道に合うことがわかった。五十歳以後はまた研究すべき道がないので、そのままにうちすぎた。

この言によってみると、武蔵は六十余度も勝負をしてそのたびごとにみな勝ったが、当時、これは勝つべき当然の理由によって勝った、とわかっていたのが多かったものの、なかにはむりに勝ったと感じたのもあったであろう。意外な妙手にでて勝ったのもあろう、勝つには勝ったが、勝った理由が判明しないのもあったに相違ない。これは天稟能力の多大なひとの勝負には当然のことである。

そこで三十歳以後になって、少壮客気のやや沈着したところから、冷静の頭脳をもって、まず既往の跡についてその当否を講究してみると、以前の否を悟ったこともあったであろうが、これまで判明しなかった理由を判明することができた。

それによると、天稟の能力がてつだってしたことが、たいがい剣術の真理に適っていた。それはそのはずで、天稟の発動は真理からでるのである。しかし、講究してみなければその真理を正確に認めることができないので、講究してはじめて確認した。すでに確認してここに基礎がさだまったので、さらに一歩を進めて、具体的に微細に講究した。この二十年間の講究によって、二天一流の流儀が確定し、ここに流祖となることを得た、とこう解釈することができるのである。

元来、天稟の能力による武術は、その能力のあるひとにはできるが、これをひとに教えるには不可能のことが多い。なぜかといえば、その術は自然にでることが多いので、順序を追うて理由を説明することができぬからである。

武蔵が真理の講究を十分にとげる以前に、初心者のためにしたのであろう、剣術の説明を三十五箇条（細川忠利にさしだした兵法三十五箇条とはちがう）書いた。のちに尾張にいったときに、長野（五郎左衛門）からその三十五箇条を冷評せられて一言もなかった。もっとも若いときに書いたものを老成に至って後悔するということは、武蔵にかぎらぬ剣術にかぎらぬ、他の学術を修めたひとにもたいがいまぬがれないことで、もとよりこのことは武蔵の軽重に関係せぬ。

しかし、これにこりたものか、武蔵は容易に筆を執らなかった。武蔵が剣術のことについて筆を執ったのは、晩年、熊本へいったのちのことである。なかんずく『五輪書』のごときは年六十に至って筆を執った。死にさきだつこと、わずかに二年である。武蔵が慎重に慎重を重ねて誤ちを後世にのこさぬようつとめたことがわかる。

ふたたび武蔵剣術について尾張藩祖義直の感想

なお、天稟に関することのついでに一言しておく。

尾張義直が武蔵の剣術を見て「ただ一度見ただけではしかとわからぬが、かれはいくぶんか天性の気力を使うことがあるように思われる。天性の気力はもとよりなくてはならぬ。戦場などではもっとも入用であるが、アレほどの名人がその気力をまったく忘れてただ業前だけの試合をするのを見たいと思うが、しかしこれはむりな望みかもしれぬ」と笑われた。この話を大導寺が武蔵に話すと、さすがものに動ぜぬ武蔵も胸を刺されたようなありさまでみるみる顔色が変わり、ややひさしくうつむいていたが、頭をあげるとともに「明君のご教訓、肝に銘じました」といった。

私は前に、この話についてはなにかそのあいだに微妙な意味があるように思われるから、といって、諸君のお考えを望んでおいた。

これはべつに解しにくいほど深奥の意味があるわけではない。義直は儒学に造詣の深いひとであったから、武術にたいする観念もふつうとちがっていた。また、君主として仁恕《じんじょ》（なさけ深くて思いやりがあること）の心も深かった。

ふつうのひとは試合にさえ勝てば偉いと思うが、義直は「武術は到るべきところまで到ったひとはなんびとも平等である。その同等の地位にあるひとが天稟の長所を離れて、多年洗練し幾千回研磨した武術の真髄をたたかわせるところを見たい」という希望であった。

当時、尾張には柳生のごとき長野のごとき名人があったのだから、それらに武蔵と立ち合いを命ずれば容易にその希望は達せられるようであるが、さて晴れの試合となればいかに名人でも競争心が起こらないとはいわれぬ。競争心が起これば天稟の長所はもちろん、ありとあらゆる手段を尽くして勝ちを争うことになりやすい。

そうなれば、自分の希望を達することのできぬのみか、それが引き分けに終われればまだしもだが、万一、一方が負けたとき、ふつうのひとは一本二本の勝敗で優劣のさだまるものではないということに心づかず、ただその一本の勝敗をもってただちに優劣をさだめてしまう。それではー方の名人を傷つけるので、これはなすにしのびない。そのしのびないのは、家臣にたいしてのみ起こるのではない、名人にたいして起こるのである。すなわち、仁恕の心と武術の真理を解した上から起こるのである。かの「これはむりな望みかもしらぬ」といわれたのは、この意からでたのだ。

そこで武蔵の相手には近習の若者二人をだして見られた。この相手ならば武蔵が競争心を起こす気づかいはない。あるいは閉じあるいは開き、またはわざと相手の技術を伸ばしたり、種々の術を尽して見せてくれるであろう。さすれば、見ている者が息もつかれぬような妙味を感ずることはできぬにもせよ、種々な太刀さばきが見られるから、武蔵の技術の一斑（全体の中の一部分）を見るに足るであろうと希望せられた。

それゆえ、試合の前に武蔵にたいして「若輩の者そのほうの相手に足るわけはないゆえ、試合とはいわぬ、門弟を稽古するつもりで太刀さばきを見せよ」とまで注意せられた。武蔵もその意を体して立ったので、はじめの一番は、相手の技術を伸ばして使うまでの余裕は与えなかったものの、自家独特の太刀先の見切り法までも見せた。

しかるに二番は、相手が守る一方とでたので、それが癇癪《かんしゃく》にさわって例の性癖が起こった。ナニ守るどころか手も足もでぬようにしてくれるぞ、と思って、透き間なく追い込んで追い込んで追いつめたうえに、天稟偉大の気力や威風までも使用して、ついに相手を昏倒させるまでに至った。

この二番の試合で、義直は武蔵の微妙な技術の一班を知り、また天稟偉大な能力に鍛錬を加えた長所もわかり、その名に背かぬ名人たることとは十分に認めたが、しかし自己の希望にたいしてはまだ不満足の感があったので、前のような批評がでた。その批評を伝聞した武蔵は、なるほどおとなげないことをした、と衷心（まごころの奥底）に恥じたから、その批評を教訓として甘受した。

義直の意見が超凡であるのはもちろんだが、剛強不屈の武蔵が、正理（正しい道理）の前には過ちを改むるに吝《りん》ならざりしはまことに賞すべきである。私は武蔵を貶《おと》す（おとしめる）のではない、佳話として諸君に伝えるのである。諸君、私がいま話した天稟などのことを参照して、さらに一度武蔵の伝を読んでごらんなさい。なお、研究を要することも起こるであろう、発明せられることもできるであろう。

第十五話

温厚な人格者の脳震盪あわれ吉岡清十郎剃髪遁世す

いざ参る天下無双兵法者夢想権之助の大木刀

これよりお約束に従い、武蔵の試合についていささか批評を試みますが、いったい技術の優劣を試みるのであるから、試合というが適当である。中国で、比試、の語を使用するのも同意である。しかるに武蔵などの時代にはほとんど決闘同様のことが多く行なわれた。しかし、その意思が試合にでたのは、私はすべて試合と称する。

武蔵が試合の度数は、武蔵自身の口から年齢二十八、九までに勝負をなすこと六十余度といっている。その後の試合もずいぶん多かったであろうが、その試合の模様のこんにちに伝わっているのは、きわめて僅少である。その僅少な中にも二十八、九歳までの試合であるか、その以後のぶんであるか、区別のできぬのもある。いま、小説や演史家（講釈師）のいうところをのぞいて私の記憶に存するところは、前後合わせて十六、七度にすぎぬ。それもたいがいは、武蔵が勝って相手が負けたという簡単な記事が多い。したがって批評の余地を存せぬのである。

それゆえ、批評のできるのは二、三件にすぎないが、その前に少し模様の変わっているのを、ちょっと話しましょう。

有馬喜兵衛との試合は、武蔵が年齢十三のときである。喜兵衛はとにかく新当流一派の使い手で、高札を立て試合の相手を求めたというのであるから、傲慢な男であったかもしれぬが、腕前は相応にあったと思われる。もっとも高札を立て相手を求めたなどということは、こんにちから思うと興行的であるが、当時このたぐいの方法で名を上げて仕官の途を求めたのはめずらしくない。

しかるにこれほどの喜兵衛に武蔵が十三の小腕で打ち勝ったとのことは、常識で考えると不審が起こる。そこでこれは不意打ちだと書いてある書が多い。しかし、脇屋義治（南朝の忠臣義助の子）が十一歳、本多平八郎（忠勝。武将）が十四歳、それぞれ初陣に立派な手柄をした。これらの例はずいぶんたくさんあるから、しいて武蔵の試合を否認するにおよばぬが、諸書に記するところを総合してみると、少なくも初太刀はふいにでたものと認められる。

つぎに、夢想権之助との試合である。この権之助は傲慢であったのか奇を衒《てら》ったのであったか、かれは侠客中にも名の売れた男ゆえあるいは異を求めたのかもしれぬが、平生、袖無し羽織を着て、その背なかに天下無双兵法者夢想権之助と筆太に書いていた。有馬喜兵衛の高札よりも一段上である。

この権之助がきて武蔵に面会を求めたときに、武蔵は裏の部屋で揚弓の均調（調節すること）をしていたので、そこへ通して来意を問うと「試合を望む」とのことであったから、「すぐにご用意をなさい」といって、揚弓をたずさえて庭におりた。

権之助が木刀を取り出し、襷《たすき》をかけ、抹額《まつがく》（鉢巻）をし、股立ちをとってきてみると、武蔵は揚弓を持って立っている。

権之助、不審に思い、「ご用意は」と問うと、武蔵は平然として「これでお相手をいたす」と揚弓をさしだして見せたので、権之助は烈火のごとく怒って、その儀ならば目にもの見せむ、と思ったか大木刀を構えいまや打ち込まむと小手の少し上がるところを、武蔵すかさず揚弓を延べて、小手を抑えて働かせぬので、さすがの権之助も我を折って、

「いかにも立派なお手の内、われわれのおよぶところではござりませぬ」

といって、太刀を引いた。

それより部屋に帰ってから、権之助が、

「じつに聞きしにまさったお手の内で感心のほかありませぬが、それにしても揚弓のようなものでアノ業はおどろきいりました」

といえば、武蔵が、

「イヤ、少し剣術に達すれば打ち物はなんでもよい。もし、なにもなかったときは、相手の打ち物を取ればよい」

と、答えた。

これより権之助は深く武蔵を尊敬したとのことである。

その後、権之助は背なかの大書を廃したかそれはわからぬが、武蔵は権之助がひともなげなる大書などしていたからわざと揚弓を持っててて怒らせたのであるが、相手を怒らせたのは武蔵の慣用手段である。その手段は言語でもする、挙動でもする、その場のつごうで一定してはおらぬ。

維新前、江戸では言語で怒らせることがはやったが、武士の品位を損ってよくない。こんにちの試合にはもちろん禁じておるが、真剣勝負の駆け引きには、この怒らせることも一手段である。他日、くわしく論じましょう。また、武蔵は相手の打ち物を奪うことが上手であったということであるが、これは心身の働きが一致せねばできぬので、容易にその田地（立脚地）に至れぬが、しかし試合中竹刀を落とすこともあるから、少なくも入り身くらいは平生よく修業しておかねばならぬ。

飛刀の術短刀を打ちだして宍戸典膳に勝つ

宍戸典膳との試合は、宍戸が鎖鎌であったから、これが尋常に行なわれていれば一つの参考になったろうと思うが、そういかなかった。しかし、参考にならぬでもない。

さて、宍戸が鎖鎌をとって立ち向かうと、武蔵は両刀を持って立ち向かった。武蔵の両刀に長短あるはもちろんで、しかし平生はその短いほうでも相応に長いのであるが、当日は一方にきわめて短いのを持ってでた。これは武蔵がふつうに鎖鎌とたたかっては面倒だから、機先を制しようと思った用意に相違ない。

そこで双方相対して呼吸がさだまり、宍戸が鉄丸を振りだすとき、武蔵は一声叫ぶとともに、短刀を手裏剣と一般に打ちだしたのが狙いたがわず、宍戸の胸にグッサリ当たったので、宍戸がよろめくところを飛び込んで、袈裟《けさ》掛《が》けに切り倒した。それより武蔵は、宍戸の門人が取り巻くのを追い払って帰ったとのことである。

これで、武蔵が機に臨んで敏捷なことがわかるであろう。とかく武術は、変化を知らずぼんやりしておると、いつも相手のために制せられる。

ついでにちょっと話しておきますが、中国には古くから飛刀の術というものがある。わが国にも示現流には飛刀の術がある。いずれも刀を飛ばして敵を撃つのである。短刀を手裏剣と同様に打つことはなかなか難いように思われるひともあるかもしらぬが、少し手裏剣の術を学ぶと、さほどむずかしいものではない。

亡友原不二夫（尾張の人。大日本武徳会剣道教士）が年少の頃、三条大橋の東詰で月夜に辻斬りに出会って、二、三合切り合うと相手は手強いと思ったか、逸足《いっそく》（足が早い）だして逃げだした。追い捨てたところで害もなかったであろうが、原は腕は鳴る時代なり、世の中は血なまぐさい風が吹きだしていたから、原はすかさず追いかけたが、相手の足が早くて追いつけぬ。

橋のなかばで二間余小三間隔てて、原はとっさに短刀を手裏剣に打った。それが相手の背なかを深く突き刺したので、たちまちその場に倒れた。そこへおりよく巡邏の武士がきたので、原は理由を述べる。一足遅れてきた同藩の士二人も事実を証明して、相手を引き渡したが、翌日、その者は死んだ。これが近い例証である。

このほかに、武蔵が塩田浜之助と試合をしたことがある。これは武蔵が老年のときで、六十余度のほかであることはもちろんだが、塩田は棒の上手であったからさだめて趣味のある試合であったろうと想像せられるが、なにぶん記事が簡略で必要なところがもれておるので、みだりに思うて批評することもできぬ。

そこで、武蔵の試合の中で武術家諸君の参考になる批評のできるのは、第一が三宅軍兵衛との試合、第二が佐々木小次郎との試合、第三が吉岡兄弟との試合であるが、三宅軍兵衛との試合は講話の寂漠《せきばく》（ひっそりとものさびしいさま）を破る材料として前に話しましたから、これよりのこっている吉岡と佐々木との二件を話します。

三宅との試合は、本多家のほうの伝書にあって他の書にはちょっと見当たらぬゆえ、くわしく試合のありさまを話して叙事中に批評を加え、またその後に批評をくだしたが、吉岡のことは諸書にくわしくでておるゆえ、なるべく批評体に話すこととする。しかし、他の書に足らぬところを補足したり、あるいは模様をいわねば批評のできぬところは十分にいうはもちろんである。

武蔵の上京名流吉岡一門との因縁対決

ある書には、吉岡兄弟やその子を、いずれも剣術を誇り、勇力を恃《たの》んで、きわめて暴慢なひとのように書いてあるが、これは武蔵側から書いたものばかりであるからこうなったのだ。

吉岡も兄の清十郎は相応の年齢でもあり、温厚な人格をそなえていた。弟の伝七郎は武芸もあり勇力もあるうえに、きわめて烈火性の男であったから、ずいぶん粗暴でもあった。清十郎の子の又七郎は、まだ年少でどちらともつかなかったというのが事実と思われる。それはなによってわかるかといえば、三人の行動によってわかる。

武蔵が京都へでたのが二十一歳。といえば鋭気勃々であったことが想像せられる。そこで、代々足利家の師範役であった吉岡だが、足利家没落ののちも歴然として京都に剣術の門戸を張っている。

吉岡兄弟の父憲法と武蔵の父無二斎とは、足利将軍の前で三本勝負をして、無二斎が勝負勝ちをしたという縁故もある。武蔵もまた、憲法の子と試合をして勝ってやろう、ぐらいの心算はあったであろう。そうでなくとも、当時武者修業として京都へでれば、さしずめ吉岡を目的とするのが当然でもある。

しかるに武蔵が出京したと聞くや否や、伝七郎のほうからでかけていって、武蔵と試合の約束をした。伝七郎の了見では、父の憲法が足利家の御前試合で、無二斎に勝負負けをした。その子の武蔵の居場所がわかっておれば、でかけていって勝負をしようと思っていたところへ、先方よりきたとはずうずうしい、おのれ目にもの見せてくれむ、というのであったろう。

そこで武蔵と試合の約束をした。帰途に兄清十郎の宅に寄ってその約束のことを話すと、清十郎は首を振って、

「それはよくない、約束をお解きなさい。武蔵は

年は若いが兵法に達しておるばかりでない、なかなか器量者のように聞いている。たとえ兵法はそのほうが上にもせよ、仕舞い（最後）の勝ちは武蔵にあると思われる。試合は思いとどまれ」

と、しきりに止めたが、勝ち気な伝七郎は、

「イヤいったん武士が約束したことを、わけもの う変改することはできぬ」

と、固く執って承知せぬので、清十郎はややしばらく考えていたが、

「しからばそのほうよりさきにおれが試合をする。そのほうはそのうえのことにせよ」

と、いったので、伝七郎はしぶしぶ承知した。そこで清十郎は使いをもって、

先刻弟伝七郎より試合の儀御約束致したる趣のところ、彼は弟の事なり、折角の御出京改めて彼より先に拙者と試合相成度、とその旨申し入れた。武蔵は快くこれを承諾した。

清十郎が伝七郎にたいして、「兵法はそのほうが上にもせよ」といったのは、慰諭《いゆ》（なぐさめさとす）のことばにすぎない。「仕舞いの勝ちは武蔵にあるだろう」といったのは、元来、伝七郎は躯幹が長大で膂力もあり、きわめて剽悍《ひょうかん》で剣術もできたが、なにぶんにも知慮に乏しい、清十郎はかねて武蔵が機敏な知慮をそなえていると聞き込んでいたから、伝七郎が勝ち気で向かえばかならず武蔵の手段にかかる、と思ったのであろう。

それればかりではない、伝七郎が負けて死にでもすれば、自分も黙っているわけにいかぬ。死なねば伝七郎が報復手段を執って騒動をひき起こす、との懸念もあったにちがいない。また、清十郎が熟慮のうえみずから進んで伝七郎よりさきに試合をすることにしたのは、つぎのようなことであったろう。

かれの考えには父憲法と無二斎の試合があっ

た。その子とその子とがどこまでも勝負を争うようになっては怨みを結んで解けぬことになる。それははなはだ好まない。それゆえ自身がまず試合をする。勝てば伝七郎が試合をするにおよばぬことになる。負ければ「われすらとてもおよばぬ。いまそのほうが試合をしてまた負けでもすれば、吉岡家の面目は丸潰れになるから、ここはぜひとも辛抱せよ」と伝七郎をさとすことができ、前にいったような騒動をひき起こすにも至るまい。

——という平和の手段を執ったものと思われる。その証拠はみずから進んで最初に試合をしたのみではない、武蔵との試合に「軽く当たっても強く当たっても試合は一本にかぎる。二の太刀を打たぬこと」に約束したのによっても、平和の手段を執ったのがわかる。

約束一本勝負清十郎は真剣を遣ったの嘘

さて、清十郎と武蔵との試合は洛外の蓮台野で行なわれた。いずれの書にも、清十郎は武蔵の一撃に倒れて絶息したのを、門人が戸板に乗せて連れ帰り、医療して蘇生したというにすぎぬから、試合については批評すべき点はない。武蔵の碑文に「予め一撃の諾あり」とあれば（あるので）、一本勝負の約あるがため武蔵が二の太刀を下さなかったのも明白である。

ことにあやしむべきは、『二天記』にも『武蔵伝』にもこの試合を、清十郎は真剣武蔵は木刀、と書いてあることである。真剣を使用する清十郎が一本勝負を約束する理由がない。

この一事は真剣使用を誤伝と認むる一大確証である。なお、少しくこれを論ぜむか。元来、試合は技術の優劣を比試するを主旨とし、ひとを殺害するを目的とするのではないから、木刀を使用するのが当然である。まま真剣を使用した者もあるが、そは従来双方にまたは一方にふくむところがあったか、あるいは当座の意地にでたか、これらは名は試合であっても、その実は決闘と一般である。

しかもかならず双方の合意によらなければならぬ。清十郎は真剣を希望し、武蔵はその希望を許諾したか。自分は木刀にてよろしとの協議をとげた証拠ありや。かつ、清十郎すでに真剣を使用したとすれば、そのつぎに試合をした伝七郎は、場合から見ても人柄から見てもかならず真剣を使用せねばならないのに、やはり木刀を使用している。

伝七郎の意思はともかくも、技術の優劣を争うという試合の形式は第二回まで継続している。清十郎が真剣を使用したということは、これによっても誤伝たることがわかる。まして、清十郎を温厚のひとと認むればなおさらである。

清十郎が剃髪して遁世したのを、いずれの書にも試合に負けたを恥じたからであると書いてある。これももとより一つの原因に相違あるまいが、私はなおほかに一大原因があると思う。自身が武蔵に打たれて脳震盪《のうしんとう》を起こし、ほとんど人事を省《せい》せない大患中に、伝七郎は撃ち殺された、倅の又七郎も切り殺された。

もし清十郎が伝七郎の試合のことを知ったとすれば止めねばならぬ。伝七郎は止めても聞かなかったとしても、又七郎の小腕で武蔵に勝てるはずはないから、これはもちろん止めねばならぬ。止めれば親子の間柄ゆえ、又七郎も聞かねばならぬ。もしまた、多人数で押っ取り籠めて討つなどという非武士道的の行動をなさむとするを知ったならば、これはなおさら制止せねばならぬ。

吉岡側から書いた書がないのでいっこう事情がわからぬが、思うに清十郎は大病ゆえ伝七郎も又七郎もそのことを告げぬ。病気が回復してのちそのことを知っておどろいたが、弟や子のしかたが非武士道ゆえ復讐の念も起こらぬ。憂愁無聊（悲しくさびしいこと）のあまり、遁世の観念を起こしたかと推想せられる。はたしてしかりとせば、三百年後のこんにちでも同情を寄せねばならぬ。

第十六話

一乗寺藪のお下がり松又七郎を両断し決着をつける

伝七郎絶命ガッタリの分銅武蔵を撃つ

つぎは武蔵と伝七郎の試合であるが、伝七郎ははじめ武蔵をみくびっていた。しかるに兄の清十郎がたやすく負けたのを見て、これは侮れぬと思ったものの、試合は最初自分が申し込んだのではあり、勝ち気と残念で胸が焼ける。なにか一くふうと思ったところからつくったのがこういうものである。

かれはひじょうな大力であるゆえ、まず、五尺にあまる大木刀をつくった。その切っ先を切り、中を穿《うが》って、その中へ五、六寸の小鎖の先に長方形の小さい銅の分銅様のものを着けて仕込み、切っ先は短刀の合口のようにした。これは相手の頭上に向かって撃つとき、相手が受け止めても合口が外れ、分銅様のものが飛びだして相手の頭上に当たるというしかけである。伝七郎はそれができあがるとともに、あらためて武蔵へ試合を申し込み、承諾を得た。

さて、双方会合の日時場所をさだめて、いよいよその期日の刻限に武蔵はわざと少し遅れて場所に行った。すると伝七郎はすでに二、三の門弟とともに待ち合わせていて、武蔵の遅参を責めた。武蔵は「イヤ少し寝すごして」と、微笑を帯びながら催促に応じて支度をなし、双方木刀を執って相対した。

いずれも劣らぬ偉大の体格、四道（四つの進行方向）の眼光はたがいに相《あい》映射した。伝七郎はただ一撃で勝負を決する覚悟であるゆえ、精神を抖擻《とそう》（あげふるって物をもとめる）し、力をきわめてかの大木刀を武蔵の頭上に向かって打ちおろした。武蔵はさわがずカッシと受け止めた。そのせつな、分銅様のものは迸出《ほうしゅつ》（ほとばしり出る）して武蔵の髪際《かみぎわ》を打ったが、武蔵はすかさず喝声とともに伝七郎の半面を打ったので、さすがの伝七郎もめくるめきよろめくところを、武蔵は付け入って疾《と》く伝七郎の大木刀を奪うや否や、その木刀をもってふたたび真っ向より打ちおろしたので、伝七郎は斜《はす》に倒れて絶息した。武蔵はその木刀を投げ捨て、門人にたいし「ご介抱を……」と会釈して、そのままゆうゆうと帰ってしまった。

この切っ先に機関《からくり》を設けたということは、他の書には見ぬ。私の見た武蔵流の伝書にあったのみである。あるいは振り杖から付会（こじつけ）した説かとも推測せらるるが、その後、この分銅様のものを「ガッタリ」と称して、卑劣な武士に使用せられた例もある。

また、武蔵の傷はさしたることでもなかったが、柿色木綿の抹額より髪際へかけて当たったものと思われ、のちのちまでもその傷跡が薄くのこっていたということである。もっともこの傷跡のことについては、伝七郎と試合のときの傷か佐々木小次郎と試合のときの傷か、諸書に疑いが存してある。しかし、小次郎との試合のときの傷でないことは、武蔵自身の弁明があれば（あるので）疑いはない。さればこの傷跡は「ガッタリ」によったかよらなかったかは別問題としても、伝七郎との試合のときの傷であることは、疑いの余地がない。

一対多数の駆け引き武蔵門弟の随行を許さず

さて、清十郎が負け伝七郎が打ち殺されたので、ここに一個の非武士道的手段が計画せられた。前にもいったとおり、吉岡は歴代剣道の師家であったので、ひきつづき門弟がたくさんあった。その師匠である清十郎兄弟が田舎から駆け出しの剣道家、しかも青年の武蔵に打ち負け、そのうえ伝七郎は打ち殺されたというのであるから、なんとか仕返しせねばならぬと、門弟らが打ち寄って相談した。

その結果、一個の計画ができた。

とても正面より向かっては勝ちを取ることはできぬ。さりとて、闇討ちにしては世間の聞こえが悪い。それゆえ、表向きは清十郎の子又七郎より試合を申し込み、試合の場所において、多数の門弟で押っ取り籠めて討って取る。もし手延び（処置をするのが後れること）になったら遠矢にかけるということに一決した。そこで、きたる何日一乗寺藪《やぶ》の御下がり松において試合いたしたしと申し込む。武蔵は快く承諾した。

当時、武蔵に随従していた門弟が四、五人あった。この者らが吉岡がたの動静をさぐってみると、数百人をもって取り籠めて討つという計画らしいので、一同武蔵の前にでてその探知した模様を話し、

「このたびの試合はよほどお大事と存じます。われわれは未熟の業前、さしたるお間に合いますまいが、一命を抛《なげう》ってかかれば、一方を食い止めるか、または撃ち破るくらいのことはできようと思います。当日はぜひお召し連れをねがいたい」

と、いった。武蔵はこれを聞いて、

「お身たちの志はいかにもかたじけない。その段は厚く受けるが、召し連れることのできぬわけが二つある。むこうが多人数でくるにこちらもひとを連れていけば、徒党を組んで輦下《れんか》（天子のおひざもと）を騒がすことになり、ご法度にそむき、朝家へたいし奉りてあいすまぬ。たとえむこうは多人数できても、こちらが一人であれば後日の申し訳が立つ。これが一つである。また、お身たちといっしょにいけば、危急のと

きたがいに助け合わねばならぬので、駆け引きが面倒になる。あるいは共倒れとなるかもしれぬ。一人でいけば駆け引きが自由にできる。対等の人数で軍陣の駆け引きをするならば、軍法をもって戦うからきっと敵を制してみせるが、数百人の敵にわずかに五、六人で向かうのはかえって味方の不利になる。これがその二つである。私が一人をもって多人数に当たるについては、かねて必勝の理が考えてある。けっして心配するにおよばぬ」

といって、門弟の随行を許さなかった。

そこで試合の当日となると、武蔵は鶏鳴の頃からでかけた。さきに清十郎と試合い、伝七郎と試合ったときには、武蔵はわざと時刻に遅れてでかけたが、こんどはわざと早くでかけたのである。

さて、武蔵は足を早めていくうちに、路傍に一個の社《やしろ》のあるのを認めた。提燈《ちょうちん》の灯ですかしてみると、八幡宮の額がかかっている。武蔵は心のうちに、こう思った。これより大事の試合におもむくのに、ここに軍神の社があるのはさいさきがよい。

いでや勝利を祈らむ、と社の前に進みでて鰐口の紐に手をかけたが、そのせつなに思いだした。われ平生、仏神は尊ぶも仏神をたのまず、と心に誓っているのに、いまこの場にのぞんで勝利を祈らむとはいかに汚ない心ぞと思うと、腋《わき》の下から冷汗が流れでたので、そのまま一拝して退いた。

武蔵に必勝の理囲みを切り開いて脱出す

それより下がり松に至ったが、まだ夜が明けず、四方はしんしんとしてはるかに鶏の声を聞くのみであった。そこで心を鎮めて、松樹の根に腰かけ、両脚を伸ばして休息した。

しばらくすると、多数の足音がするので、さてはきたなと思っていると、吉岡又七郎であろう、まっさきに立って、多数のひとが幾張りもの提燈を振り照らし、

「ヤアこのたびも武蔵は時刻に遅れてくるか、それとも臆病神にとりつかれたか」

などと、がやがや話しつつきて、とにかく武蔵のくるまで休息しようというとき、少し雨気をもっていた雲が風のために吹き払われるとともに、夜もしらじらと明けてきて、にわかに人顔が見えるようになった。そのとき武蔵は、仁王のごとき偉大な体格をもって又七郎の面前に間合を取り、仁王立ちにすっくと立って、

「ヤア吉岡殿、遅かった。最前から待っていた。イザ勝負。一人は面倒だ、一同でおかかりなさい」

といいつつ、鍔先三尺八分の電光は手中より閃いた。

吉岡の門弟は気をのまれて立ち竦《すく》みになった。又七郎はおどろきながら一足下がって大刀を抜いたが、業前がちがう、気力がちがう、体格がちがう。大喝一声、武蔵が踏み込んで打ちおろした太刀を又七郎は避けむとしたが、すでに遅し、左の肩先より大袈裟に切り下げられて、二言といわず息が絶えた。

吉岡の門弟らは武蔵がさだめし正面より切り込んでくるだろうと思って、槍先を揃え、長刀を構え、そのあいだには太刀を真っ向にふりかざしたのもいる。一手は武蔵の後ろへ回らむと

した。正面で又七郎を切り倒した武蔵は、オットー声オメクとともに、松林に沿うて左の側《がわ》へ疾風のごとく切り込んだ。

正面に待ち構えた者どもは案に相違し、「ソレそちらへいった」と、右往左往に騒ぎ立てる。武蔵の切り込んだ側の者は間合を取っていなかったから、味方がじゃまになって働けぬ。武蔵が、得たり、と腕にまかせて切り立てるので、うろたえながら切られるのもあれば同士打ちするのもある。まるで芋の子を洗うようであった。

武蔵の勇気はますます加わって奮撃するので、その太刀風に切り靡《なび》かされ、たちまちぱっと道が開けた。武蔵はつと囲みをでるや、脱兎の勢いで走った。これを見た弓組の者が「ソレ逃がすな」と矢尻を揃えてさんざんに射出したが、武蔵はかまわず逸足だしてドンドン走ったので、たちまち射（程）距離内を離れてしまった。

この激闘に、武蔵は薄手一個所も負わず、ただ右の袖に矢一筋縫わせただけであった。もっとも、息も継がれぬほど激しかったので、武蔵にも相手の死傷はわからなかったということである。それより武蔵は、旅宿へ帰るや否や早々に支度をして、門弟を引き連れ、奈良のほうへ立ち退いた。これはいうまでもない、吉岡門弟の再挙を避けたのである。

練心法を修めよ仏神は尊ぶも仏神をたのまず

さて、これで吉岡との話はすんだが、この試合について、武術家諸君の参考になることが三個ある。

まず第一が八幡の社で勝利を祈らむとして止

めたことである。「苦しいときの神だのみ」ということわざのとおりで、平生よほど落ち着いたように見えるひとでも、いよいよ死生のあいだに立つとなると、常に神仏を信仰するひとはもちろん、常にはあまり神仏を信仰せぬひとでも、にわかに心のうちで神仏を祈る者が多い。これは自分の心にたのむところがないからである。

いま、一つの実例をしめしましょう。

私は維新前に、幕府の嫌疑を避くるため、勤王同志の士二人を隠岐の同志者にかくまってもらったことがある。それを連れ帰るがために、同志者一人とともに出雲の三保ケ崎から十二挺櫓の早船に乗った。乗り合いの男女十余人、その中に武士も三人あった。

航路おおよそ六分《ろくぶ》ばかりいったところで、大雷雨とともに烈風が起こった。櫓が折れる、櫓ほぞが欠ける。満足な櫓は四挺になった。船は油のような大波に揺り上げ揺り下げられる。いまに転覆するかと思ったことが、たびたびであった。

それゆえ、乗り合いの男女が三保の明神を祈る、題目を唱える、念仏を唸《うな》る、ただ大声で泣くのもある。船中は悲哀の声に満たされた。さすがに三人の武士は声はあげぬがなにか一心に口の中で唱えている。私の同行者はなかなか談《だん》客《かく》（話がうまいひと）で快活な男であったが、これも瞑目して一言も発せぬ。私が呼んでも答えがない。

そのうち船人が櫓の手を止めたから、「オイなぜ漕がぬ」というと、

「手明きは、三保の明神様のお力を祈っております。私どもは力のかぎり漕ぎますが、こう大声で騒ぎ立てられては気が腐って漕ぐ力がでませぬ。アノ声を止めておくれなさい」

というから、私は刀を杖に中央に居直って、

「コレ乗り合いのひとびと、おまえたちが大声を

あげるから船人は気が腐って漕ぐことができぬという。おたがいの命はいま船人にまかせているではないか。船人のいうことは聞かねばならぬ。神を祈るも仏をたのむもそれはおまえたちの随意であるが、口の中で唱えてもご利益にかわりはない。これから大声をあげる者は、大勢のひとにはかえられぬから、かたっぱしから切り捨てる。さように心得なさい」

といったら、たちまちピタリと声が止まった。

そのうちさいわいに雷雨はおさまり、風が強いので島後へはいかれなかったが、島前へ着いた。その後同行者に「アノときはなぜ沈黙していた」と問うたら「イヤ、面目ないが金比羅権現を念じていた」とのことであった。思うに他の三人の武士も同様であったろう。こういうもので、平生、死生のあいだに談笑するなどと大言する者も、いよいよとなると、心のほかにになにかたのむものがないと落ち着かれぬのである。

武蔵と又七郎との試合を書いたひとはたいがい、武蔵を偉く見せようと思って、容易に大勢を追っ払って帰ったように書いているが、相手が大勢であったから、武蔵にとってはじつに一世の大事であったに相違ない。武蔵はのちに『独行道』という座右の銘とでも称すべきものを、十九箇条（または二十一箇条）書いた。その中に「仏神は尊し仏神をたのまず」との一箇条がある。このことは、少年のときより心にさだめていたものと思われる。

これはなかなかできぬことである。人間はいざという場合には、神仏もたのみにならぬ人間もたのみにならぬ。たのむべきはただ自己の心のみである。古人は人事を尽くして天命を待つといったが、自分の心がたのみになるほど練れておらねば人事を尽くすことができぬ。人事を尽くすことができねば天命を待つこともできぬ。心を練るの必要なのはここにある。

武蔵は少年よりそのことをさだめていても、当時二十一歳であったから、まだ十分に心が練れておらなかった。きょうの試合は大事だと思うと同時に心が動いて、八幡へ勝利を祈る心が起こったのであるが、さいわいに思い返して十分に決心したので、その試合に勝つことができた。神をたのみにするようの心であったなら、あるいは大勢のために一命を失ったかもしれぬ。

ここでとくに注意すべきは、武蔵が少年より仏神は尊ぶも仏神をたのまぬと決心したのは、武術によって得たのではない、かれの天性の識力から得《え》きたったもので、簡単なる一個の練心法である。私が武術家に向かっても常に「武術によって得た落ち着きは、自分より技術の上手なひとに向かうとその落ち着きが動く。それゆえ、いかなる場合にも心の動かぬようにするには、正式の練心法を修めねばならぬ」というのは、これがためである。

相手によって変化戦地に処して敵を待つ

第二はいたって簡単なことで、かつこんにちの試合に応用するはふつごうであるが、ある場合にはその意を変化して応用することができるから話しておく。

武蔵は、清十郎と試合のときも伝七郎と試合のときも、試合の場所へゆくに約束の時刻より遅れていった。しかるに、又七郎との試合には約束の時刻より早くいった。この遅れていったのは武蔵の手段であるが、早くいったのもこれまた手段である。つまるところは、敵によって変化したのである。

なぜかといえば、時刻より遅れていったのは、相手を焦燥《いれこ》ませるためである。ふつうあるひとと会合を約した場合に、そのひとが遅刻しても気くたぶれがするにとどまる。たとえ少々腹を立てても焦燥むほどには至らぬが、大事の試合などで一命を賭するか、少なくとも名誉に関する場合に相手が遅刻すると、これを待つあいだにだんだん焦燥んでくる。焦燥むと同時に真誠の気力は失せて、うわずった気ばかりになる。

そこへ遅れていって、いっそう落ち着いて見せると、相手はますます焦燥んでくる。こちらは十分養った気力で静かに立ち向かえば、試合をせぬ先に六、七分の勝ち味はこちらにある。武蔵は清十郎と伝七郎にたいしては、この手段を執ったのである。

しかるに、又七郎との試合には約束の時刻より早くいった。元来、この試合は試合とは名ばかりで、じつは決闘であった。決闘も又七郎だけであれば心配にはおよばなかったであろうが、その門弟が多数一度にかかってくるというのであるから、いかなる計策（はかりごと）があるかもしれぬ。

こういう場合には、その不意にでて、まず多数の相手の荒肝をひしいで、かれらの計策の合期（期限にあうこと）せぬようにせねばならぬ。それゆえ相手よりさきにいってこちらの思う壺へはめたので、兵法でいえば、まず戦地に処して敵を待つ、というのである。しかし、早くいくも遅れていくも、自分に十分の決心があって落ち着いておらねば、相手を焦燥ませることも相手の荒肝をひしぐこともできぬ。

また、相手が十分練心のできたひとで、こちらが遅れていったときに、「イヤ、これはおいでが少し遅いゆえちょっと居眠りをやりました」と欠伸《あくび》をしながら「お疲れでしょう。マアしばらくお休みなさい」とこられたり、また、こちらがさきにいっていたときに、遅れてきたほうから「これはこれは、お待たせ申してあいすみません。じつはでかけるところへ友だちがきてツイ遅刻いたしました。しかし、だいぶん急いできたからちょっと休息したうえで試合を願いましょう」などとこられては、これまた手段は行なわれぬ。

そういうときには、ただ伎倆の巧拙を争うよりほかはない。しかし、それほど練心のできたひとははなはだまれである。まず十中の八、九までは手段にかかって、焦燥むか荒肝ひしがれる。これについても、練心の必要なことがわかるでありましょう。

第三の批評はたしかに有益と信ずるが、あまりながくなるゆえ、次回のお楽しみにいたしておく。

第十七話

駆け引きは千変万化その場の機から生じる

私がくぐった死地常に逃げるを目的とした

　武蔵が又七郎との試合に約束の時刻より早く場所にいって相手の荒肝をひしいだのと、相手の計略の合期せぬようにしたこととはすでに話したとおりであるが、このほかにいま一つ、大事の話がのこっている。武術の心がけある諸君には推測できるように話しておいたから、すでに大略はわかっているであろうと思うが、お約束いたしておいたことゆえ、類例も加えて話します。

　それはなにかといえば、多数の敵にたいする武蔵の駆け引きおよび刀法のことである。武蔵は門弟が「試合の場所へ召し連れよ」と申し出たときに「余は一人をもって多人数に当たるについて必勝の理が考えてある。けっして心配するにおよばぬ」といっている。

　さすれば、武蔵は又七郎らと奮闘したときに、この駆け引きを行なっているにちがいない。私が話した奮闘の模様を考え合わせてごらんなさい。その手段方法は明白にわかっている。しかし、私の胸中にはまだ材料がありますから、根こそぎはっきりと話します。

　剣術の相応にできるひとでも、平生の講習はたいがい一人と一人とのあいだにとどまって、一人で多勢を相手にする場合を講究しているひとは、はなはだ稀れである。柳生その他近古の名人には往々この話があるから、こんにちの各流にもこの方法はあるであろうが、あったところで平素講習しておかねば、まさかのときに間に合わぬ。私は私の実歴上よりして、武蔵が早く一人をもって多勢に当たるくふうをしていたのを、感心した。私は十七歳より二十四歳までのあいだに、数々、白刃のもとをくぐった。こういうとなにか誇るようであるが、時勢にともなう行動が余儀なくさせたのである。

もとより一介の白面書生、剣術は拙劣で割鶏(にわとりを切り裂く)の力もなし、みずから求めて決闘したことなどは皆無である。たいがいの争論は舌頭で解決がついたが、それですら決闘を申し込まれたことが二度あった。その他は幕府の捕吏に取り囲まれたり、佐幕党の襲撃に遇ったりしたので、白刃を冒《おか》す場合はいつも相手は多勢であった。

私はいかなるときでも、逃げる、を目的とした。それゆえ信友にもあらかじめ約束して、多勢の相手に出会ったときには各自心まかせの行動を取る、たがいに助け合うことはいっさいせぬことにしておいた。それというのも、助け合えば共倒れになることが多い、めいめい志を抱いている者がむだに死ぬのを惜しんだからである。

もっとも、逃げるを目的としても容易に逃げられぬと認めたときには、死を決して生を得るの道を取ったのはもちろんである。はじめは、しいて落ち着いてみても心が動いているので、逃げ道を見さだめて逃げるほどの余裕がなかったが、さいわいに逃げおおせた。それが度重なるにしたがって、とっさのあいだに逃げる手段がさだまるようになって、少しの傷跡をのこしただけで、こんにちまで生きのびた。つまり、場数を経て逃げることが巧者になったのである。

もっとも、多くの場合には、同行者もあった同宿者もあった。その中には剣術の上手もおったことがあるが、それが多くは、われわれ書生より早く切られたり、縛られたりした。これはほかでもない、腕をたのんで正面より切ってでるか、または焦るからと思われた。それゆえ、いくら腕前があっても死を決しても、落ち着きと駆け引きがなくては実地にのぞんではだめだという経験を得た。

五輪書水の巻多敵の位の事に見る武蔵の心得

私はのちに武蔵の伝書を借覧して、一人で多勢と闘う心得を書いたのを見た。かれはいかなるところよりこのくふうを仕出したか。かれは剣術の名人になったほどであるから、少時すでに刀法上よりくふうしたのは相違あるまい。太平の世の剣術家は必要を感ぜぬのでこの方法の講究を怠っているが、かれは血なまぐさい世の中に成長したひとだ、さだめて一人で多勢と闘うのをたびたび見聞したことがあったであろう。それが動機となって、そのくふうをしたのであろうと思った。

武蔵が多勢の相手にたいするときの心得方《がた》は、諸君もすでに『水の巻』（五輪書）を読んでご承知であろうが、私の批評と参照せらるるに便利のため、まず、基本文をしめしましょう。

一、多敵の位の事　多敵の位と云ふは一身にして大勢と戦ふ時の事也。我刀脇差を抜きて左右へ広く横にすて丶構る也。敵は四方よりか丶る共一方へ追ひまはす心也。敵か丶る位前後を見分て先へ進む者に早く行き合ひ、大きに目を付て敵打出す位を得て、右の太刀も左の太刀も一度にふりちがへて、行く太刀にて前の敵を切り戻る太刀にて脇に進む敵を切る心也。太刀をふりちがえて待事悪し。早く両脇の位に構へ、敵の出たる処を強く切込おひくづして、其儘又敵の出たる方へかかり、ふりくづす心なり。いかにもして敵をひとへにうをつなぎにおひなす心にしかけて、敵のかさなると見えば其儘間をすかさず強く払いこむべし。敵あひこむところひたと追まはしぬればはかゆきがたし。又、敵の出るかた〳〵と思へば、待心ありてはかゆきがたし。敵の拍子をうけてくづる、処を勝事也。折々相手を数多寄せ追込付て其心を得れば、一人の敵も十、二十の敵も心やすき事也。能く稽古して吟味あるべき也。

この説にたいし、太刀の構えかた、太刀の捌きかたなどは流儀にもより、場合にもそのひとの長所にもよることで、それらは学剣者めいめいの講究せらるべき部分に属し、私の批評すべき範囲外である。私は大体の駆け引きについて批評を試みよう。

たとえば一人と十人と闘うとせよ。その十人の技術胆力などがことごとく他の一人に匹敵するときは、一人と一人とですらその勝敗を予知することはできぬ。ましてその一人で十人を殺し尽くすとか追っ払うとかいうことは不可能である。つぎに、十人のうち少し手に立つ者が一人もしくは二人あると思う場合には、猶予なく決心してまずその一、二人を切り倒せば、他の者は追い散らすことができる。そのつぎは、十人の相手がことごとく手に立つ者がないときは、勇威をしめせば追い散らすことはできよう。さりとて、その十人をことごとく切り倒すなどということはできるものではない。弱き相手でも真に死を決してくるがごとき特別の理由ある者を除けば、まず、これがふつうの状態である。

こういえば、はじめより相手の強弱がわかっているときはよいが、わかっておらぬときは強弱を見切ることができぬ、との批難が起こるであろう。それは心配にはおよばぬ。そういう場合にこちらの心が転動するようなひとであれば、藁《わら》人形でも切ることはできぬから、はじめより事は起こらぬ。平生多少の修養があって、その場にのぞむもあまり心の動かぬひとであれば、相手の挙動によって、とっさのあいだに強弱の見切りはつくものである。

必死の勇気精妙な武術敵の包囲を切り抜ける

武蔵が十人の敵でも二十人の敵でも心やすいといったのは、勝ち得べき理を説いたので、その十人、二十人の敵をことごとく切り倒すとか殺し得るとかいったのではない。殺了し得るといった、と見るのは、それ大なるまちがいである。いくら自分が強くて敵が弱くても、ことごとく切り倒そうのことごとく殺してやろうのというはもちろん、少しでも驕慢心を起こしたら、足の裏へ刺がささるとか溝の中へ滑り落ちたとか、つまらぬことで弱敵のためにしてやられる例が多い。

真剣勝負はもとより大胆を要するが、他の一面にはきわめて細かな注意を払わねばならぬ。そこで多勢を相手とするには、切り抜けるのを目的とするのである。切り抜けるといったところで、ひたすら切り抜けむとすれば、敵がわが心を悟って強気になるから切り抜けられぬ。切り抜けられぬのみか、敵の手段に嵌《は》められる。

それゆえ、切り抜けるには必死を期して向かわねばならぬ。決然たる必死の勇気に精妙な武術があれば、決死の心のない敵は多数といえども、披《ひら》き靡くようになる。また、心が良く落ち着いておれば、奮闘のあいだにも強を避けて弱を撃つか、敵の計略の裏をかくこともできるゆえ、ついに多勢の包囲も切り抜けることができるのである。

また、敵の不意にでて容易に切り抜けたとか、あるいは少数の弱敵で一撃に追い散らすことのできた場合でも、再度の襲撃を予防するがために、すみやかに踪跡《しょうせき》（ゆくえ）をくらますなどは、古来、真の武士の取ったところの方法である。

前にもちょっと話したとおり、最初武蔵の試合などを伝えた門弟、またはその他のひとが武蔵を人間以上に持ち上げたのに、その後のひとがまた覆輪《ふくりん》（馬の鞍や刀の鍔《つば》などの縁を金銀などでおおい飾ったもの）をかけて書いたので、いよいよ事実を失ったのである。

もっとも左丘明（春秋時代、魯のひとか。春秋左氏伝の作者とされる）や司馬遷（前漢の歴史家で史記百三十巻の作者）の筆にかかると、一寸の謀《はかりごと》をなした者が一尺の謀をなしたようになるとの評もあるとおり、いずれの国でも、筆の達者なひとがひいきのひとの伝でも書けば、覆輪をかけるは人情で、少しもあやしむにたらぬのであるが、その覆輪のかけかたに二種ある。

左丘明や司馬遷の覆輪は一寸のものを一尺に伸ばしたのであるから、見るひとが内輪に見ておけば事実は失わぬ。とくに覆輪をかければ趣味が豊かなので、見るひとの楽しみにもなる。しかるに武術思想のないひとが武術を書くに覆輪をかけると、筆の立たないひとはもちろん筆の立つひとでも事実の真相を失ってしまう。それでは素人の読者を誤るばかりではない、いわゆる贔屓の引き倒しで、書かれたひとが地下で知ったならば、椽《しょう》（とち）のような涙をこぼすであろう。

武蔵が又七郎らと闘った光景を敍した諸書を合観すると、「衆（人数が多い）の敵を散ずるや走狗の猛獣を追うに似たるものあり」とか、「武蔵又七郎を斬り殺し徒党の者を追い退け威を震うて帰る」とか、あるいは「大勢の中に割って入る云々」とか、「武蔵ことごとく薙《な》ぎ払い追い崩しければ孰《いず》れも命からからにて逃げ去りき。此時武蔵は僅に矢一筋を袖に留めしのみ云々」とかある。

この書きぶりを見れば、武蔵は又七郎を斬り倒すとただちに正面より加勢の中に切り込んでことごとく切りくずし、追い散らしたと見ねばならぬ。諸君とても同様に見えるでありましょう。

そこで又七郎の加勢としてくりだした吉岡家門弟の員数は数百人とあり、また数十人とあって、正確なことはわからぬ。さりとていまさら取り調べの方法もないが、吉岡のほうでは復讐の意思で必勝を期し、種々な得物のうえに弓まで持ってでた。武蔵のほうでも門弟が随行をねがう、武蔵が輩下を騒がすを恐れる、八幡に祈る心を起こした……など、これらの情況を総合してみると、少なくも五、六十人、もしくはそれ以上であったろうと推想せられる。

武蔵流伝書が簡潔に語る一乗寺決闘の展開

サア、この多勢、しかも復讐の意思できている中へ正面より切り込んで、前後左右に敵を引き受けるのはみずから求めて死地につくのであるが、武蔵がそのような無謀なことをしたと思われますか。また、この多人数をかたっぱしより切り倒し薙ぎ散らし、一人ものこらぬようにすることが人間の業でできると思えますか。常識をもって容易に判断ができましょう。とくに、武蔵の袖には矢が一筋縫っていた、とある。吉岡のほうから考えてごらんなさい。多数の味方が敵一人を追い取り囲んでいる中へ、矢を射込むことがなし得られようか。奇怪もまたはなはだしというべしだ。

この三つだけでも前に話した敍事の実を失っていることは明白である。

しかるにこればかりではない、敍事の実を失っていることは武蔵自身が証拠立てている。武蔵、すでに門弟にたいして「一人をもって多人数に当たる必勝の理が考えてある」といったのによれば、老後に書いた『水の巻』に「多敵の位の事」とある一項は、たとえ概略にもせよ、このときすでに講究してあったと見るが当然である。

実地においては敵の模様によって変化するゆえ、書いたもののとおりに行なえるものではないとしても、前後左右に敵を受けるをもってもっとも忌むべきこととする。大体の趣意に変化を生ずる理由はけっしてない。さすれば、武蔵が講究していた根本の趣意に反し、無謀にも正面より切り込んだなどという叙事は、かの書に照らしても事実を失っていることが明瞭にわかる。

私がこの試合の話をするについて根拠としたのは、武蔵流伝書の抄録で、きわめて簡単なものである。

「先師は又十郎を切り、直に左の松並木の方に備へたる吉岡の門弟の中へ切り入り、夫《それ》を切抜て立退かれる時、矢を射掛けた者もありしと聞けり」

これだけの種に他の書を参考としたのであるが、しかし簡単でも要領は得ている。正面から切り込むだの、混闘中に矢を射込むだの、一人で多勢の敵を追い払っただのという頓間《とんま》なことはない。とくに、切り抜けて立ち退くところを矢を射かけられたとすれば、当然の理由がそなわっている。

武蔵がいわゆる多敵の位とは、多くの敵に向かったときの駆け引きである。その駆け引きの中には刀法もあるが、それは批評のかぎりにあらずとして、さてこの駆け引きの一半は、論より証拠、又七郎と試合のときに実行せられている。諸君、武蔵の書いたところと、私がその試合を話したところと、対照してごらんなさい。思い半ばに過ぎるものがあろう。

しからば、武蔵が書いたとおりにやれば、実地において多勢の敵にたいして必勝が期せられるかというに、そうはいかぬ。駆け引きはその場の機から生ずるもので、千変万化、一定したものでない。あるいは武蔵の説いたところを逆用することがあるかもしれぬ。武蔵が説くところは、背後に敵を受けぬようにする、というのが本旨で、その他はその受けぬ手段方法、すなわち駆け引きである。

それゆえ、その動かぬ本旨を会得するが学剣者の第一着歩で、手段方法は武蔵の所説以外に、種々講究しておいて実地の機変に応用せねばならぬ。もし武蔵の説をうのみにして、それで実地に必勝が期せられると思ったなら、いわゆる趙括《ちょうかつ》の談兵である。

第十八話

練心をくふうせよ剣術だけでは武蔵になれぬ

趙括の談兵知識だけでは機変に応じられない

趙括の談兵という語は、私が少時兵学を修めた頃には、一日数回も耳朶《じだ》にのぼったことがある。また、書生の戯談にも常に引用せられたが、世の中が変わったのでいまはいっこう引き合いにでぬ。しかし、いまも兵学以外の趙括はたくさんあるから、虫干しのためにちょっと説明するのも一興であろう。

中国は戦国七雄（韓・魏・趙・秦・楚・斉・燕）のときに、趙の国に馬服君趙奢《ちょうしゃ》という名将があった。趙括はその子である。子どものときから兵書を読んで、おまけに口が達者であった。成長してのち、父の趙奢と兵学の議論をすると、名将の趙奢が負けるようになった。

しかし、趙奢は議論には負けても、趙括の議論は兵学の真理を得ぬものとして許さない。そこであるとき、趙括の母すなわち趙奢の妻が夫にたいして、

「あなたは趙括と兵学を論じると負けるくせに、趙括の兵学は真理に適わぬといってお許しなさらないが、それはどういうわけでありますか」

と、問うた。すると趙奢が、

「いや、あれは兵書をたくさん読んで口が達者であるから、議論をするとおれも負けることがあるが、元来、戦いは命がけの仕事である。もし敗北しても大将一人討ち死にしてそれですめばよいが、その禍《わざわい》は士卒におよぶはもちろん国家にもおよぶのである。それゆえ大将たる者は、大事のうえにも大事を取って、十分心を用いねばならぬ。さりとて大事を取りすぎて撃つべき機会を逸してはならぬ。このあいだの苦心は一通りのことではない。しかるにあれは戦いのことをたやすく思って、手軽くいう。これが兵学

の真理に適わぬところである。もし後日この国であれを用いて大将とせらるることでもあるならば、それこそじつにたいへんである。かならず大敗して国を誤る」

と、いった。

その後、趙奢が死んで廉頗《れんぴ》がその跡役になった。廉頗もまた名将であって、良く秦の軍と対抗した。秦は白起を大将とし、大軍を率いて趙の国へ攻め寄せた。白起もまた当時屈指の名将であったが、廉頗が心を尽くして防御するので、容易に趙の軍を破ることができぬ。そこで白起は反間（間者）を放って、

「廉頗がこのまま大将でおれば遠からず趙の軍を撃ち破ることができるが、もし趙括が廉頗にかわって大将となるならば、かれは名将ゆえ破ることができぬ。どうか趙括が大将にならぬようにしたいものだ」

と、いいふらした。

かの廉頗は名将でも、相手が白起であるからはかばかしい戦いのできぬのみか、しばしば小競り合いに負けたので、その頃は防御一方につとめていた。趙王は廉頗のしかたをもどかしく思っていたところへ秦の流言を聞いたので、ふとその計に乗せられ、急に趙括を大将として廉頗にかわらせた。

このことは趙王の独断にでたので、これを聞いた趙の名相藺《い》相如ははなはだおどろいて、さっそく御前にでて諌《いさ》めるには、

「大王は趙括が兵法にくわしいという評判をお聞きになって趙括をお用いになったのであろうが、これはたとえて申さば、琴柱《ことじ》に膠《にかわ》をつけて動かぬようにしておいて琴を弾くようなものでござります。趙括はただよく父の兵書を読み、口伝を知っておるのみで、機変に応ずることをしらぬ。ぜひ、おとどまりなさるがよい」

と、いった。

趙括の母も趙括のいけないことを夫から聞いていたし、かつ自身も趙括が将たる器量のないことを認めたので、そのことをくわしく書いて趙王にさしだし趙王を諫めたが、趙王は二人の諫言を聞かれなかった。趙括はたして白起の計に当てられ、自分は射殺される、部下数十万の兵は秦軍にくだって、穴埋めにせられたというのである。

練心の効果事に臨んで死を転じ生を得る

さて、趙括談兵の解説が意外にながくなったが、戦争と真剣勝負とは大小の差別こそあれ、死地に処する意味は同一である。否、真剣勝負のほうが処しにくい。そこで大体の理念はどちらも畳の上で講究することができるが、実地の機変に応ずるはそのひとに存するのである。

しからばなにを修めて機変に応ずる駆け引きができるかといえば、練心の修養があって、事に臨んで心を動かさぬ、という一事である。私が趙括の談兵を引証（証拠をひく）したから、諸君は「剣術は赤下手なくせに水南が談剣をやるゆえ、水南の談剣という新例をつくって趙括の談兵と一対にしよう」といわれるかもしれぬが、水南は談剣はせぬ、練心談をするのである。

それればかりではない。趙括は死生のあいだに処する大事を易《やす》くいったが、私は世間のひとの思うより難《かた》くいうのであるから、臆病の新例にはなるかもしれぬが、うのみの新例にはならぬ。臆病の新例にせられるのなら、私はあまんじてその新例になります。

いったい人間は臆病なのがもちまえで、少し脈のかようひとはみな臆病である。千万人中に一人くらいは臆病でないひともある。たとえばべつに学問があるでもない、練心の修養があるでもない、武芸の達人でもなければ膂力があるでもない、それでいて死生のあいだに立って平然たるひとがある。これは人体の組織中ふつうと異なったところがあるのである。

　こういうひとは、私が五十余年間、種々なひとと交わったなかに二人しかいない。そのほかに大胆なひとのように見えるのもあるが、これはばかである。孔子は臨レ事而懼（事ニ臨ンデ懼《おそ》ル）といって、臆病になれ、と説いている。坂田公時《きんとき》（京都の武将源頼光四天王の一人）は、良い武士になるには臆病になるが肝要、といっている。

　しかし、天性の臆病だけではいかぬ。その臆病を万事に応用することのように練りあげるのがすなわち練心法で、なにびとにも必要である。

　古来、多くのひとは、死を決してかかればなにごとでもできる、ようにいう。しかり、死は人間の一大事である。その死を覚悟すればたいがいのことはできもするであろうが、そういちがいにはゆかぬ。世間には犬死にをするひとが多い。そこで決死を有効にするには死にがいのある能力を有しておるひとでなければならぬ。

　諸君もご承知のとおり、無学無能のひとでも死を決する。市井の婦女でも死を決するが、立派なことのできたのはほとんどまれである。私の経験によると、維新前の武士は、胆力も武芸もない臆病と思われる者でも、イザという場合には人並みよりは早く死んだ。これは、武士の肩書きにたいして逃げることはできぬ、さりとてその場合に駆け引きを考えるほどの余裕がないからである。

　それゆえ、死を決したからといって、だれにでも駆け引きのできるものではない。死生のあいだに立って駆け引きのできるのは、練心からきた落ち着きがなければならぬ。落ち着きがあるゆえ、とっさのあいだに機敏な駆け引きができるのである。いわゆる死にがいのある能力とは、多少、練心の修養あるを指すのである。

いくら死を決していても、あわてていては駆け引きはできぬ。練心の奥には死はいつでもさだまっておる。時に臨んで死を決するのではない。死生が転瞬のあいだに決する場合にも、心が落ち着いていて、知を尽くし、勇を尽くし、技術を尽くすなど、自己の身上にあらむかぎりの能力を尽くして、それでもいかぬときには死するのである。

これだけのことができれば、十中六、七は死を転じて生とすることが得られる。すなわち練心の効果である。

駆け引きは魚つなぎ敵を混雑させ背面に受けぬ

武蔵が又七郎との試合におもむく途中、いったん八幡宮に勝ちを祈らむとの心が動いたところを見れば、練心の不十分なのがわかる。されど武蔵は当時二十一歳の青年であったのだから、これはあやしむにたらぬが、武蔵はその弱い心を即座に退けて、断然、自己の信ずるところに従ったので、敵にのぞんで平生講究したところの駆け引きを行なうことができ、かつ、好結果を得たのである。

さすれば、このとき武蔵が練心上の位は、少なくも上の下、または上の中、といってもよい。諸君、剣術に達すれば武蔵のような仕事ができると思ったらおおまちがい、武蔵が少時より仏神は尊ぶも仏神はたのまぬ、と決心したのは、武芸のほかに練心のくふうをしたからである。

それゆえ、武蔵がいわゆる多敵の位ということは、練心の修養がなければじっさいに施すことはできぬもの、と解されよ。

さて、これより武蔵がいわゆる多敵の位、すなわち一人で多勢の者にたいするときの駆け引きを説明しましょう。

第一は敵を混雑せしめて多勢の働きのできぬようにすること、第二は背面に敵を受けぬようにすること、第三は間合を透かさず切り込むようにすること、この三つである。

そのうち、第一が一番にたいせつである。そのしかたは、敵を一方に追い回すのだ。すなわち、「敵四方より掛る其一方へ追回す心なり」とあるも、「いかにもして敵を単に魚つなぎに追ひなす」とあるも、同一の駆け引きである。魚つなぎとは魚が首尾相連続した形で、漢文に径路に兵をやるを形容して、魚貫而進、とある。すなわち、魚が貫いたようになって進むのだ。また、首尾用啣《あいふく》とも注してあって、魚つなぎと同一の形である。

武蔵が又七郎の加勢を切り抜けたのも、この駆け引きによったので、私はそのとおりに書いておいたから参照してごらんなさい。

とくに、この追い回すにも、われよりいえば左側敵よりいえば右側、へ追い回すがもっとも便宜である。地形にもよるが、為に得らるるならこの駆け引きが敵を制しやすい。こういうようにいけば、第二の背面に敵を受けぬことにもなる。いかに剣術の名人でも、前後に敵を受けてはこれを避けるに困難である。

それゆえ一人で二、三人の敵にたいするにも、なにか小楯に取って後ろに回られぬようにする。まして多勢を相手にするには、なおさら手段がなくてはならぬ。

また、多勢のほうは正面にはその他多勢の中でもっとも武術に達した者をだし、その他の者が後ろへ回るとか横合いから進むとかいうのがふつうの計画である。

前にあげたとおり、他の書には武蔵が又七郎の加勢を正面より追い散らしたように書いてあるが、その加勢は師家の恨みをはらすために又七郎をすすめて、復讐の意で十分用意してでかけたのだから、腕前のある者もたくさんいたであろう。その正面へ切り込むなどということはできるものでもなければ、武蔵がうかつに切り込むものでもないことは、少し武術を解したひとにはわかるはずである。

また、その加勢のひとびとは、武蔵がふいにでたのと、又七郎があまりもろく殺されたとので一驚を喫したであろうが、ますます憤激するはずで、武蔵の刀の光を見て逃げ散るはずはない。武蔵を正面で討ち果たすつもりのところを、武蔵に側面に斬り込まれたので、かねての計画が齟齬《そご》（くいちがい）したのである。この武蔵が側面へ斬り込んだのは多勢の働きのできぬようにしたので、多敵の位の大半を実地に説明したのと一般である。

心せよ多数と闘う一人は遅疑猶予が大禁物なり

第三の間合をはずさず斬り込むことの必要は、敵に思慮計画の猶予を与えぬのである。すなわち、武蔵は「敵を単《ひと》へ竝になるやうに追回し、敵が重なるやうに見えたならば其儘間を透かさず強く払ひ込め」といっている。多勢と闘う一人は遅疑猶予ということが大禁物である。少しでも遅疑猶予すれば多勢のほうは頭脳で種々の方法を考えだすゆえ、ついには一人のほうがその計策に当てられるようになる。

武蔵が「待事あし、」とか「待心ありて果敢行き難し」といっているのもみなこの意味で、これをこんにちのことばでいえば、はじめさだめた意思のとおり、機に乗じてドンドン決行するがよい、遅疑するのはわるいと戒めたのである。中国に「猛虎の遅疑するは蜂蠆《ほうたい》（はちやさそり）の必死に若かず」「猛賁《もうほん》（戦国衛の勇士）の猶予するは庸夫（凡夫）の必死に若かず」ということわざがある。この意味も武蔵の語と相発明するにたる。

また、武蔵は「敵の拍子を受けくつるる（くずれる）処を勝事也」といっているが、これも間合をはずさぬ意味で、すなわち機に乗ずるのである。

たとえば、前面に敵がとぎれてもまっしぐらに進む、そこへ敵がでたら切り倒す、その死生に関せずつぎの敵のおどろくところへ切り込む、というようにするのである。そうして一条の血路が開けたなら、頓着なく逸走してしまう。これが遅疑猶予せぬ効果で、その妙味はここにあるのだ。

さて、これまでは武蔵が実地にたいする教訓を解説し、かつ敷言《ふげん》（教えをしく）したのであるが、武蔵はなお、このことを演習する方法を説いている。それは「折々相手を数多寄せ追込付て其の心を得れば、十、二十の敵も心易事也。能く稽古して吟味あるべき事也」というのである。

この意は前と同一で、その主とするところは一方へ追い回すのであるが、これを平素練習しておくとは、じつに抜け目のない心がけである。（大日本武徳会）本部では内藤（高治）教授がときどき青年を集めてやっているが、私は一個の方法を設けてときどき演習したならば、一人のほうも多勢のほうも、種々の変化に通ずる稗益があるであろうと思っている。

第十九話

『二天記』の破綻は小次郎に関する記述の大矛盾

「小次郎は富田勢源の弟子」は信用できない

諸君、これより武蔵と佐々木小次郎の試合についていささか批評を試み、本講話の局を終わる心算です。

この試合が慶長七年（一六〇二）の四月であったことは少しも疑わないが、『二天記』に記するところの小次郎の年齢は二天記者が伝聞を無意識に書いたものと思われ、それがしぜん、細川家をも武蔵をも侮辱したすがたになっておる。

また、小次郎が富田勢源の弟子であったということも、信用ができぬ。

いま、まずこれを弁明するも無用のことではあるまいと思う。『二天記』を読まぬひとのためにちょっとしめしておくが、『二天記』にはこうある。

巌流小次郎と云ふ剣客あり。越前宇阪荘浄教寺村の産なり。天資豪宕《ごうとう》壮健類なし。同国の住富田勢源が家人になり、幼少より稽古を見覚え、長するに及びて勢源が打太刀を勉む。勢源は一尺五寸の小太刀を以て、三尺余の太刀に対し勝つことを為す。小次郎常に大太刀を以て、勢源が短刀にたいして粗技能あり。猶鍛錬して勝利を弁ずるに、高弟各小次郎が太刀先に及ぶ者なし。於斯《かくて》勢源が肉弟治部左衛門と勝負を決して之に打勝つ。依て勢源が下を駈落して自ら一流を建て、巌流と号す。其法術尤も奇なり。諸国を経回して名高き兵法者に会し、数度の勝負を決するに勝利を失はす。斯て豊前小倉に至る。大守細川三斎忠興公聞し召て小次郎を停め置きたまひ、門弟出来て指南ある。于時《ときに》慶長十七年四月、武蔵都より小倉に来たる。二十九歳なり（略）。巌流は佐々木小次郎と云ひ、此時十八歳の由なり。勢源は五郎左衛門と云ふて中條流を修し得て、天下に其名高し。曽て眼病にて後薙《ち》髪《はつ》して勢源と号す。弟治部左衛門と云に家業を譲り、又祖九郎右衛門と云は朝倉家に仕へしとなり。

『武蔵伝』も『二天記』の説をとって、ただ字句の生硬なところを流暢にしただけで、新しい説も意見もない。しかし、小次郎の年齢には、武蔵より上か下かと疑いが存してあるようだ。

中条流は中条兵庫助が流祖である。この兵庫助が小太刀を発明したことについては少し意見もあるが、枝葉にわたるからはぶくとして、兵庫助の高足弟子が大橋勘解由《かげゆ》左衛門で、大橋の高足弟子が富田九郎右衛門、富田は朝倉家の臣であった。

その子治部左衛門が箕裘《ききゅう》（先祖伝来の業）を継いだが、これが初代の治部左衛門である。初代の治部左衛門に二人の子があった。兄を五郎左衛門といい、弟は初名はわからぬがのちに治部左衛門と称した。しかるに兄五郎左衛門が眼病をわずらい、家督を弟にゆずり、薙髪して仏門に帰し、勢源と称した。

そこで、弟が初代治部左衛門の跡を継いで二代目の治部左衛門となり、朝倉家に仕えた。この治部左衛門の頃よりその門弟は中条流と称せないで、富田流と称するに至った。これは富田家に歴代小太刀の名人がでて、中条流の刀法以外に発明するところが多かったからである。

私の手元にはいま富田流の伝書がないから、五郎左衛門（勢源）、治部左衛門（景政）兄弟の死去年月がわからない。したがって、その生年月を逆算することもできぬ。それゆえ迂路をとらねばならないのでお話がながくなりますが、しかし、富田流伝書の抄録その他の書に散見するかれらの経歴に徴すれば、その時代はたいがい推定することができる。

勢源の諸国行脚美濃国稲葉城下で試合する

　五郎左衛門は越前国足羽郡宇坂荘淨教寺村の生まれである。この地は僧の泰澄以来有名な仏区であるから、五郎左衛門が眼病のため仏門に入って、勢源と称した縁故もわかる。そうして、かれが諸国行脚にでかけたときの年齢はわからぬが、少なくも三十以上と思われる。なぜかといえば、かれは行脚にでる前に中条流の刀術に慣熟していた。また、仏学も一通りできていた。この修養と眼病治療のために費した年月を通算すれば、こう推定することになるのである。

　かれ勢源は幾年諸国を行脚したかこれもまたわからぬが、その最終に美濃国稲葉山の城下へでて、朝倉家に縁故のある成就坊に止宿していた。このとき常陸鹿島の剣客で梅津（兵庫）という者が、勢源がきたと聞いて、門弟をもって試合を申し込んだ。

　この者は神道流の名人と評判のある男で、稲葉山へきても国主斎藤義竜の師範家吹原、三橋の二人に勝って、斎藤の親族大原に愛せられ、現にその家に寄宿して門弟を教授していたのである。勢源はその申し込みにたいし、

「イヤ愚僧は兵法未熟、お相手のできる業前ではない。そのうえ中条流は形《かた》ばかりで試合はいたさぬ。かたがたお断わり申す。あしからず梅津殿へお伝えください。それともたって試合を所望とあれば、越前のほうへお越しになれば、中条流を修業した者がたくさんあるゆえ、或はまげて応ずる者があるかもしれませぬ」

と、答えた。

　弟子が立ち帰ってその趣を告げた。梅津はからからとわらって、

「勢源など越前でこそ広言も吐くであろうが、こ

の梅津には歯は立つまい。試合においては当国主たりとも容赦はせぬ」

と、いった。

国主云々のことばがはしなく国主斎藤義竜の耳に入った。義竜はさきに師範家二人の負けたのを聞いて快からず思っているところへ、重ねてこのことを聞いたのでおおいに怒ったが、さしあたり梅津に勝つべき者がない。そこで、家臣武藤淡路守、吉原伊豆守両人をもって、勢源へ梅津と試合所望の旨を申し入れたが、勢源は、

「中条流では試合は仕《つかま》らず。かつ、法体でもござりますれば無益の勝負は好みませぬ。この旨をもってよろしく」

と、断わった。

両人よりその趣を義竜に復命したところが、義竜は、

「なるほど勢源の所存はもっともだが、梅津の広言をそのまま捨ておいては他国の嘲《あざけ》りにもなる。ひとえに試合をたのみたし」

とのことで、重ねて両人より勢源へ申し入れた。勢源は、

「前に申し上げたとおりでもあり、とくにかようの試合は恨みを受けるもとになるものゆえはなはだ好みませぬが、さりとてかほどまで仰せられる国主の尊命を辞退するのも失礼であるゆえ、仰せにしたがいましょう」

と、答えた。

勢源が承諾したので、国主所望の旨をもって、武藤、吉原両人より大原のほうへ申し遣わし、試合の場所は武藤の宅とさだまった。試合の前日にはさすが傲慢の梅津も、相手が名高い勢源ゆえ少々怖じ気を生じたか、潔斎して神を祈った。

あるひとがそのことを勢源に告げた。勢源にっこりして、

「いったい武芸は正直がもとで、心さえ正直であれば祈らぬとても神仏の冥護《めいご》はある」

と、いって、そのまま穏睡《おんすい》した。

いよいよ試合の当日になると、梅津は大木刀を錦の袋に入れて門弟に担がせ、なお門弟数十人を従えて、大原とともに淡路守の宅へきた。まもなく勢源もきたが、勢源は淡路守の家来にたのみ、薪束《まきたば》の中より一尺二、三寸の薪を一本選りだし、用意の革を巻きて、それを打ち物にした。そうして試合について検使を請うたので、国主より武藤、吉原両人に検使を命ぜられた。

それより双方試合の場所へでると、梅津は、

「白刃をもって勝負いたしたし」

と、検使へ申し出た。検使が勢源の意見を問うと、勢源は、

「相手がたが白刃を望みとあらばそれにて苦しからず。手前はこの木刀にてよろし」

と答えたので、検使はついに木刀とさだめた。

さて、ここで試合の模様をくわしくお話しすると不必要なことがながくなるゆえはぶきますが、梅津は頭部、手、腕などに傷を受け、大木刀は打ち落とされ、最後に懐中した短刀を振るったがそれも打ち落とされ、半死半生のていで大原がたへ引き取られた。勢源の身には少しも相手の木刀は当たらなかった。

中条流から富田流へ勢源と景政と重政と

さて、勢源は義竜が臨時延見せむというのを辞退し、賞品をも辞退し、その翌朝未明に、飄《ひょう》然《ぜん》と成就坊のもとを去って、故郷の浄教寺村に帰った。この稲葉山の城下を出立したのが永禄三年（一五六〇）七月二十四日である。この年号はのちに必要があるゆえ、諸君も記憶してい

てください。

　そこで上来お話しした廉々《かどかど》を約《つづ》めてみると、最初梅津の試合申し込みを断わり義竜の試合所望を断わったが、中条流に試合がないというのは表面の理由、法体でもあり恨みを買うのを好まぬというのが真の理由。二度目に義竜の頼みを承諾したのは、試合の所望でなくて依頼であったからで、一片の義狭心も起こったであろうし、一つはこのとき朝倉家と斎藤家との交誼《こうぎ》を円滑にするため。

　朝倉義景の叔父に当たる僧が成就坊にいて、自分もその縁故で成就坊に止宿していたのであるし、いまは僧でも勢源は父祖累代朝倉家の禄を食む者である。義竜の依頼に応ずれば、朝倉家のためによかろうとの意味もふくまれていたのであろう。

　また、梅津の祈禱を笑い、薪材をもって木刀に代用し、試合もきわめて落ち着いていて、勝ちを制した。これによって、技術の円熟と心の鍛錬とが証拠立てられている。延見も褒賞も辞したので、求むるところのないのと廉潔な心操が見える。

　翌朝、稲葉山を去ったのは、いわゆる見レ幾而起者（幾は危い気配）で、害に遠ざかる思慮の周匝《しゅうそう》（めぐりまわる）にして、かつ敏捷なことがわかる。これだけの修養が容易にできるものでないのと、当時代にその名声の四方に伝播していたとによれば、勢源の年齢は、このときすでに四十歳を越えていたであろうと思われる。

　また、二代目治部左衛門の年齢も、兄勢源とたいした相違はなかったであろう。勢源が行脚を終わって故郷の浄教寺村に帰った頃は、治部左衛門は朝倉家に仕えて一乗谷の城に出仕していた。城と浄教寺村とは遠く離れておらぬにもせよ、勢源と治部左衛門とは僧俗道異なれば、同居しておらなかったはあきらかである。勢源すでに仏に帰したうえは、刀術を子弟に教授したとするも、それは片手間仕事であったと思わねばならぬ。

そこで、朝倉家の滅亡は天正元年（一五七三）で、その後治部左衛門は前田利家に仕えたのだから、この頃勢源と同居しなかったのはもちろんである。また、豊臣秀次が関白であったとき、前田利家の承諾を得て治部左衛門を召し寄せ、その技術を見たところがいかにも神妙であるというので、治部左衛門を師として刀術を学んだことがある。この年月はわからぬが、秀次の関白在職は天正十九年（一五九一）より文禄四年（一五九五）までであるから、このあいだには相違ない。そうしてこれは、治部左衛門の晩年であったことも疑いない。

この二代目治部左衛門の門弟に、山崎六左衛門（初名与六郎）という者があった。このひとが治部左衛門刀術の奥義を得たので、治部左衛門はこれに女《むすめ》を娶《めあわ》せ、かつ富田氏を名乗らせることにした。この六左衛門も朝倉家の家臣であったが、のちに前田家に仕えた。

天正十二年（一五八四）、佐々成政が前田家所属の能登の末森の城を攻めたので、利家が九里の道を疾駆してこれを救った。これが末森の後巻きといって、利家が必死を期した名高い戦いである。このとき六左衛門は他の城への急使を果たし、大事の物見をつとめ、そのうえ一番槍を合わせて功名を得た。この六左衛門は武術に長し、勇猛なほかに戦略にも通じた。それゆえおいおい戦功を重ね、一万三千石を食むに至った（富田越後守重政）。また、徳川二代将軍秀忠のために刀槍の法を講演して褒賞を得、名声を博した。

『二天記』の小次郎年齢や経歴の奇々怪々

さて、ただいままでお話ししたことを総合してみると、勢源ならびに二代目治部左衛門の年齢なり、伎倆なり、経歴なり、人柄なり、一通りは推測ができましょう。これを『二天記』などにある佐々木小次郎の年齢、経歴などに対比してみると、じつに奇々怪々の事実が生ずる。

まず第一に、『二天記』にある武蔵と小次郎の試合のとき、すなわち慶長十七年（一六一二）に小次郎が十八歳であったとすれば、小次郎は文禄四年（一五九五）の生まれである。その師匠なりという富田勢源は、すでに没したあとかもしれぬ。たとえ生存したりとするも、古稀以上の老人であろう。

それが小次郎に刀術を教えるまで生存したとすれば、少なくともまたそのうえに十二、三年を加算せねばならぬ。九十に近い老翁が眼鏡のうちからときどき小言でもいうならまだしも、子どもに打太刀をさせて、入り身の仕太刀をするとはずいぶん奇妙な話だ。

二代目治部左衛門は、豊臣秀次に刀術を教えたといえば、小次郎が生まれたときには生存していたと見てよいが、しかし、その頃治部左衛門の年齢はいくつであったろうか。前に話した婿のうえからでも、たいがいの推測はできる。

まず、治部左衛門が二十五、六歳頃に女の子ができたとする。また、門弟の山崎六左衛門の刀槍術がほぼ習熟して、これならば富田家の相続ができると認めてから婿とさだめ、富田を名乗らせたであろう。そうすれば、女の二十歳かまたは二十一、二歳くらいのときと見る。このときでも、治部左衛門は四十四、五である。あるいはいま少し年をとっていたかもしれぬ。

そこで、その婿が利家の信用を得て、天正十二年（一五八四）の末森後巻きのときには大事の急使を命ぜられ、それを果たして利家に途中で遇った。すると、前にだした物見の報告が不完全であるとてとくに見切りを命ぜられ、これをすまして末森に馳せつけ、場数巧者のひとびとと一番槍を争ったというのである。

　これはとても駆け出しの若武者などでできる働きでないから、まず、結婚後また五、六年を経たのちと見るが当然である。さすればこのとき、治部左衛門はハヤ五十の坂にのぼっている。してみると、小次郎の生まれた文禄四年には六十以上である（富田治部左衛門景政は文禄元年七十歳で死去している）。

　そうして、小次郎が諸国を遊歴して小倉へきたとすれば、治部左衛門と試合をして勝ったというのは、小次郎が十五歳くらいのときと見ねばならぬ。刀槍術において一家の大先生七十六、七の老翁が、兄の召使である十五歳の黄口小《こうこうのしょう》児《じ》（すずめの子のようにくちばしの黄色いこどもの意）と勝負を争ったということがまじめに信用できましょうか。

　おまけに勢源は越前に住居し、治部左衛門は加賀に住居したのである。たとえ私の年齢推算にいくらか誤算があるとしても、大差はない。人間の年齢は据え置きはできぬ。年々、年を取るゆえ老人になるのだ。勢源、治部左衛門の年は据え置いて、小次郎のみ年を取ったとはいわれまい。

　さるにても、二天記者はなにによって小次郎を十八歳と信じたのであろう。伝聞を信用するにもほどがある。

　また、いかに鋭敏なひとでも、十八歳ぐらいで具体的刀槍術の名人上手となるは不可能である。当時、武備厳重と称せられ済々多士の細川家が、十七、八の青二才を歓迎して、家中の者に刀術を教えさせるなどいうことはあり得べからざることで、常識で判断できる。

また、見識が高くてひとに屈下することの嫌いな武蔵自身は、二十九歳であるのに十八歳の青二才と試合を熱望して、いよいよ長岡家の周旋を煩わしたなどいうはもとよりあり得べかざることである。

かつ、小次郎が小倉へくる以前、十六、七歳で諸国を遊歴して、名高い兵法者と数度勝負を決したが勝利を失わなかったとのことも、農民相手であったのならいざ知らず、関ケ原以後、少壮武人が髀肉《ひにく》の歎《たん》（安逸にいて功名を立てられないという歎き）にたえなくて、その気力を武術一偏に傾注し、名人上手の輩出した時代であるから、これもまたあり得べからざることである。

大失策武蔵を侮辱している小次郎十八歳説

二天記者が無意識に伝聞のまま十八歳と記したのを、そう張胆明目して論ずる価値はないではないか、と打ち捨てておけばそれまでだが、元来『二天記』は武蔵刀術の流派に属するひとが武蔵の事蹟を顕彰するために書いたもので、武蔵の事蹟を知るにおいては唯一の書である。けっして普通小説のたぐいではない。

しかるに、小次郎の履歴に注意を欠いて、その年齢を伝聞のままであろうか十八歳と記したこの三字は、ひいて当時の細川家を侮辱し、尊崇する武蔵を侮辱し、かつ当時の武術家をも侮辱する結果を生ずるに至った。私は二天記者のために、惜しむのである。

しからば、小次郎ははたして富田勢源の召使でその太刀筋を学んだ者かというに、これも容易に信用できぬ。勢源が行脚を終わって故郷に帰ったのが永禄三年（一五六〇）である。かりにこの頃小次郎が十二、三歳で、小間使の片手間に刀術を学びはじめたとしよう。そこで『二天記』にあるように高弟もおよばぬ業前になって勢源のもとを立ち退き、小太刀を大太刀に変更して巖流という一流をはじめ、諸国を武者修行して回ったとする。その修業年数などは幾年でもよい。

こう仮定すると、小次郎が武蔵と試合したときは六十歳以上でなければならぬ。しかるに、試合のときの挙動を見るに、試合ならば木刀でよいのに小次郎みずから求めて真刀を用い、武蔵の手段に乗せられて試合前に怒ったりなどして、練心の足らぬ若いところがあるから、六十を越した年輩とも思われぬ。

また、それほどの年輩ならば、その以前に戦場の功名があるとか、武術の名が聞こえておらねばならぬが、いっこうそういうことがない。さすれば、この仮説のごときは事実とは認められぬ。

あるいは勢源が長寿であって、小次郎はその晩年の門弟であったが、ついにその奥義を得るに至らなかったから、また別のひとについて学んだ。その後一流をはじめたものと見れば、武蔵と試合のときを三十八、九、四十歳くらいと見ることができるが、それにはいま証拠がないから、そう勝手に臆断するわけにもゆかぬ。

私には一個の想像説がある。

勢源と小次郎とは時代がちがうので、直接の門弟ではない。しかし、勢源の祖父富田九郎右衛門が浄教寺村にいて朝倉家に中条流を開いて以来、中条流がさかんに行なわれた。朝倉滅後、二代目治部左衛門は金沢へ移ったにもせよ、勢源は浄教寺村にとどまった。

浄教寺村は越前における中条流の発源地であるから、勢源没後も浄教寺村辺には、中条流が行なわれたに相違ない。小次郎もその地に生まれたのだからはじめは中条流を学んだが、のちそれを変更して一流をはじめたものと見るのである。これならば年齢多少の論も起こらず、いくぶんの根拠もあって、やや穏当と思われる。

かくいえば、『二天記』などに採用した勢源の門弟という説はなにから起こったかという難問が生じるであろうが、それは小次郎が浄教寺村出生ではじめ中条流を学んだから、同村ではあり、名高い勢源の弟子にすれば幅が利く、イヤそれのみではまだおもしろくないというので、治部左衛門と勝負をして勝ったとつけ加えた……ものと思われる。治部左衛門こそいい面の皮だ。

しかし、こうつくるなら、治部左衛門と勝負ののち勢源が、貴様の腕前もだいぶできた中条流を広めるため諸国を回れ、といって旅立たせたとでもすればよかったに、師の恩にそむいて逐電したとしたのは、贔屓の引き倒しである。かつ、時代に注意しなかったので、年齢に齟齬を生じた。

要するに、小次郎は細川家で優遇せられ、武蔵が試合を熱望したほどであったのだから、業前は立派なものと思われる。その他、体格が偉大で膂力があり、ずいぶん傲慢なふうであったろうということは認められるが、年齢はしかとはわからぬ。しかし、武蔵は平生、年下の者にたいしては、かれ（年下の者）より試合を求められるか諸侯より命ぜられたとき以外は、われより求めたことがない。それから推断すれば、（小次郎の年齢は）少なくとも三十歳以上と見るが当然であろう。

第二十話

術にはまった小次郎決闘の前に武蔵は勝っていた

慶長十七年四月十三日武蔵と小次郎船島で決闘

慶長十七年（一六一二）四月十三日の早朝に、佐々木小次郎を乗せた細川家の快船《はやふね》は、小倉を発し船島へ向けて浪を切った。これは試合の時刻が巳の刻（午前十時）とさだめてあるからであった。

その試合の相手たる武蔵は、下関の船問屋小林太郎左衛門がたの離れ座敷に黒甜郷《こくてんきょう》（昼寝の里）の滋味をむさぼって、日がハヤ三竿（午前八時頃）にものぼったのに、まだ起きぬ。亭主もかねて試合の時刻を知っているから気をもみだし、座敷の外より大声で呼び起こすと、「よし、よし」といいながらあくびと背のびをいっしょにしておるところへ、長岡佐渡守の使いがきて、渡海を催促する。

それを帰して、手水《ちょうず》を使い、座敷へ帰ると膳がでている。飯がすんで支度にかかるかと思えば、

「亭主、表口の脇に櫓《ろ》の損じたのがある。きのう見ておいた。アレを所望する、持ってきてくれよ」

と、いう。

亭主が不審に思いながら持ってくると、（武蔵は）道具を借りて、それを長さ四尺余の木刀に削った。これにもいくらかひまがいったので、亭主がしきりに乗船の催促をする。長岡よりは再度の使いがきて、渡海をせまる。

武蔵は絹の袷《あわせ》に例の鶉巻きの染めだした革の括《くく》り袴、年中身を離さぬ京織の袖無し羽織を着て、べつに綿入れ一枚を亭主に持たせ海岸にでた。船はすでに用意がしてあったので、ただちに乗り込み、出発した。この航路は約一里ばかりである。武蔵は船中で袖無し羽織を脱ぎ、綿入れをかぶって打ち臥した。

船が洲先に着いたとの船人の知らせに起きて

みると、海岸には警固の足軽幾十人が守っている。少し離れて検使とおぼしきひとも見える。しかるにこのへんは遠浅で、陸へ上がるは二、三十間水を渡らねばならぬ。

武蔵は綿入れを掻い遣り、袖無し羽織を着て、括り袴を高股まで繰りあげ、木刀をかたげて、水を渡った。いま四、五間で砂原に上がるというところへ、小次郎はつかつかと水際へ立ちいで、きっと武蔵にたいした。

ここは「小次郎その日のいでたちは……」と日本流にやるか、「但《ただ》見る小次郎は……」と中国小説の但見的にやるかだろうが、簡単にすましておく。まず黒色の袷に猩々《しょうじょう》緋《ひ》の袖無し羽織、染め革の裁っ着け袴をはき、白木綿をたたんで後抹額をなし、草鞋《わらじ》を踏みしめ、かねて秘蔵の備前長光鍔先三尺余の大刀に短刀を佩《は》き添え、威風凜然、破鐘のような大声で、

「ヤア宮本殿、試合は巳の刻の約束ゆえ拙者は時刻前に渡海した。いまは疾く巳の刻は過ぎておる。なにゆえ貴殿は遅刻せられた。武士にあるまじき緩怠ではござらぬか」

と、待たせられた憤りは三角の口端よりほとばしりでた。武蔵は水中に立ってにっこりわらいながら、

「これは佐々木殿か。きょうの試合は貴殿が負けでござるぞ」

といいつつ、おもむろに陸へ上がった。小次郎はすでに武蔵の遅参で侮られたかと、忿忿《ふんふん》（いかるさま）していたところへいままた嘲弄せられ、脳袋の破裂せむばかりに憤ったので、いい返すことばも喉につまってでぬゆえ、たちまち猩々緋の袖無し羽織を脱ぎ捨て身構えにおよばむとするを、武蔵声かけ、

「まずお待ちなさい。約束の試合、こう会合したうえは急くにはおよばぬ」

と、足の水を拭い、括り袴をおろし、少し進

んでうやうやしく検使に向かい、

「宮本武蔵ただいま参着、お役目ご苦労に存じます」

と、あいさつして退くと、待ちかねた小次郎がただちに立ち向かわむとするを、

「いましばらく」

と、押えておいて、柿色の手拭を取り出し、後抹額をなし、襷《たすき》をかけ、腰にしてきた草鞋をはき、塵打ち払って袖無し羽織を脱ぎ、木刀を執って立ち上がり、検使に目礼し、さらに小次郎に向かって、

「イヤながくお待たせ申した。支度はできたからいつにても」

と、いえば、小次郎は武蔵が木刀を提《さ》げたのを見て不審の眼を光らせ、

「試合は真剣のはずでござるぞ」

と、いう。武蔵うちうなずき、

「いかにもさようでござる。貴殿はもちろん真剣をお用いなさい。拙者は木刀を使い慣れておるゆえ、木刀でも真剣と同様でござる。ご斟酌《しんしゃく》にはおよばぬ」

と、答えたので、小次郎の憤怒はじつに頂点に達した。

勝負は後の先初太刀を見切った武蔵の一撃

小次郎は再三鋭気を避けられ再四侮弄せられたので、心神を悩乱したであろうが、かれもまた巖流という一流を創始したほどの人物、グッと心気を落ち着け足場をはかって身構えたるありさまは、躯幹は長大で筋骨は締まっている。双臂《そうび》には千万斤の力と至妙な武芸がある。三尺

余の大刀は日光と相映してきらめきわたる。傲然として敵を待つは、あたかも虎の蝋（しぼせん虫）を負うに似たるか。

武蔵もまた相手に劣らぬ躯幹、爛々たる眼光はひとを十歩の外に射る。颯爽《さっそう》たる天然の威風は、地を巻き雲を呼ぶ神竜のごときか。これ、外形についていうのである。そのじつ、かれは幾十度の真剣勝負を経たうえに、べつに修養しつつある練心のくふうも、いまや円熟の時期にさいしている。その活動するは身体手脚のみにて、心は泰山のように静隠であったに相違ない。

しかし、この剣道界の二雄が精神気力を剣頭に集めて相対したところは、じつに天下の壮観であったろうと推想せられる。

さて、武蔵と小次郎は呼吸が合うとともに間合を取って、小次郎は上段、武蔵は正眼で詰め合わせた。ややしばらく心で責(攻)め合っているうちに、小次郎の眼中はしだいに血走ってきたが、たちまち一声、帛《きぬ》を裂くがごとく叫ぶとともに、閃電一道、武蔵の頭上に向かった。

検使や警固のひとびとは冷汗を握ったであろうが、武蔵は自若として左の手を少し引き、木刀がやや斜めになったばかりで、小次郎の切っ先はむなしく武蔵の鼻先四、五寸のところへ落ちた。小次郎、あわてて引かむとするときすでに遅し、武蔵の木刀はブンとうなって小次郎の頭脳を震盪した。

小次郎、めくるめいてその場にバッタリ倒れると、武蔵はつづいて撃つかと思いのほか早く、一間余飛び退いて木刀を横に構えじっとようすを見ていたが、うなりもせねば動きもせぬゆえ、武蔵がおもむろにその側へ立ち寄るところを、いままで死したと見せた小次郎は、倒れたままで片手なぐりに武蔵の足へ切りつけた。

その切っ先が武蔵の右脚二、三寸の前を空過するや否や、武蔵は大喝して小次郎の脇腹を撃った。さすが剛気の小次郎も、この一撃に寂然声なく、魂魄早く不帰の旅途にのぼった。

武蔵はそれより抹額を解き、襷をはずし、検使の前へ進みでて、

「勝負はごらんのとおり。私はこのまま引き取ります。万事しかるべく」

と、あいさつし、待たせておいた船に打ち乗り、櫓を二挺立てさせ、一挺はみずから漕ぎ、暫時《ざんじ》のあいだに太郎左衛門がたに帰り、長岡への謝状を認めて亭主に託し、また、亭主の労をも謝して、即日、下関を去って上方に向かった。

考証の不備武蔵はそんな愚かではなかった

さて、これより批評に移ります。

名高い船島の試合も、話せばこれだけのことである。両個相対しての真剣勝負は、一撃一刺で事はさだまる。けっして手間のかかるものではない。

真剣勝負の実際を知らぬひとは、演史家のやるように、一上一下虚々実々、陽に開き陰に閉じ、火花を散らして奮撃突戦とか、あるいは中国小説的に刀去刀来花一団刀来刀去錦一簇《そう》といったぐいの、きわめてはなやかできわめて愉快なもののように思っているひともあろうが、けっしてそのような暢気なものではない。

また、竹刀は刀に擬したものだという観念のないひとびとの試合を見て、真剣勝負もアノとおりながく撃ち合い突き合うものだと思っているひともあろうが、いまの試合は防御道具のあるところだけを刺撃することになっている。これは刺撃の難いところを刺撃する業前ができれ

ば、真剣勝負にはどこを刺撃してもよいのだからたやすく刺撃ができるとしたものである。

しかし、試合者の心得としては、道具外れのところも刺撃せられぬように心がけねば実地には間に合わぬのであるが、いっこう平気なもので、竹刀越し、鍔越し、面鉄、肘、後《しり》（尻）、腰などといって、恥とも思わぬひとが多い。なかには鍔迫り（合い）をやるひともある。鍔迫りは鉄の甲を着て戦争した頃でも、双方の肢体が疲れて綿のようになったときなどに、まれにあったものである。

こういうありさまゆえ、竹刀の試合は時間を費やすのであるが、真剣勝負はある特殊の場合をのぞくのほかは、十中に九まではとっさのあいだに決するものである。ただ、ふいに事の起こったは格別、双方覚悟のうえでする勝負は、その勝負にかかるまでのあいだに苦心惨憺たるものがあるから、それを注意して見ると、少なからぬ教訓を得る。

むかしの武士は戦場において敵にたいしたときでも、相応の礼儀を守ったものである。まして双方申し合わせの試合などはなおさらである。なかには広言をすることもあるが、それでも礼儀は失わぬ。

この船島の試合を記した書には、往々、その頃の武士のいうまじき言がある。また、当然あるべき礼儀を記することの欠けたのもある。私はなるべく注意して述べておいたから、『二天記』などと対照してごらんなさい。

『二天記』などには武蔵が試合の場にでるに、袷の着流しに船中で撚《よ》った紙撚《こよ》りを襷にして、跣足《せんそく》（すあし）で、短刀だけさして、刀は船におき、裾をからげて、水を渡りながら抹額をした……と書いてあるが、これは武蔵が真剣勝負を意に介せないありさまをしめそうとしたため、かえって武士にあるまじき不行儀にしたもので、いわゆる贔屓の引き倒しと思われる。あるいは船に乗るまでは着流しであって、船中で支度をしたのを知らなかったのであるか。この二つのほかはでまい。

私は他の伝書に参照し、かつ常理によって前のように話したのである。いま、その理由を弁《べん》疏《そ》(言い解く)しておく。

武士が外出するに、忍び歩行《あるき》のほかは、かならず袴をはくのが例である。まして、自分からねがった試合で、細川家より検使が立つ、警固の足軽がでるという廉立《かどだ》った場合に、着流しなどとはあるべからざることである。

また武蔵は、木刀があれば刀に用がない、とはいうものの、両刀は武士の表道具である。その道具は他の農工商と別異するもので、他行《たぎょう》にはかならず身を離すものではない。かつ木刀は折れることもあるので、用心のためにも必要だ。それには短刀があるとの弁解もできようが、短刀よりは刀の効用が大きい。

もし刀をさして木刀を持っては、刀がじゃまになるといわむか。むかしの武士、否、慶長年中の武士は、刀を佩《は》いて槍も使い棒も振るったではないか。刀がじゃまになるようでは、武蔵の武芸も信用ができなくなる。それゆえ、刀を船中にのこしたとは、これもまた、あるべからざることである。

紙撚りを襷にしたのは、襷を忘れたから船中で紙撚りを撚って間に合わせた、ともいえばいえるが、大事の場合に必要のものを忘れたとは、他人はいざ知らず、平生、事を処するに精細な武蔵にこのことありしとは、信ぜられぬ。

真剣勝負の心得小次郎は鞘を捨てなかった

また、水を渡りながら抹額をしたとは、急に応ずる場合ならよいが、検使までもでている予定の場合ゆえ、陸へ上がってから締めるがふつうの順序だ。もし、これを事実とすれば、武蔵に似合わぬあわてた挙動といわねばならぬ。

屋外の試合は石瓦などで足を傷つける恐れがあるので、踏み皮または草鞋をはくのが当然である。とくに海岸の砂原などは跣足では踏み込みやすく、足の働きが自由でない。それには草鞋が最適当であるのに、跣足で試合をしたとは、みずから求めて不利の途を取ったといわねばならぬが、私は武蔵に断じてこのことのなかったのを信ずるのである。

試合の前のところに、小次郎は刀を抜くや鞘を海水中に投げたり、とあり。勇士は死しても刀と鞘とは身を離れないのを本意とする。戦場で鞘を失ってすら恥とした時代に、みずから鞘を水中に捨てるような狂態を演ずるとは、陽死(死んだまねをすること)をして武蔵を引きつけたほどの思慮ある小次郎には、かならずなし、と推断するをはばからぬ。

あるいはこのことをもって、項羽が超を救うために、船を沈め釜甑《ふそう》(かまとこしき)を破り廬舎《ろしゃ》(軍隊などが一時滞在するために建てた仮小屋)を焼いて必死をしめした意思と同一に見るひともあるかもしらぬが、それは方角ちがいである。

項羽は士卒の心を固くするためにしたので、自己のためにしたのではない。小次郎はみずから死を決すれば、それでよい。必死の意を外形にしめす必要のないのみならず、これをしめすは相手にわが心をしめすので、かえって不利益である。それゆえ、このことは私のもっとも信をおかぬところである。しいてあったとすれば、小次郎は真剣勝負の心得も知らぬ、武士の心得も知らなかったものといわねばならぬが、それはあまり小次郎を軽蔑した話だ。

あるいはいわん。『二天記』などには、小次郎は武蔵がまだ水中にあるときその遅刻をなじったが、武蔵がそれには答えず進みくるので、小次郎こらえかね、刀を抜いて鞘を水中に投じ、その近づくを待った。武蔵水中に踏みとどまりて、「小次郎負けたり」という。小次郎怒りて「なにゆえにわれ負けたるか」と問う。武蔵「勝たばなんぞその鞘を捨てむ」という……云々とある。

（ここでは）鞘を水中に投じたので、小次郎負けたり、とのことばがでるのだ。鞘を水中に投じた事実がないとすれば、このことばのでようがない。

元来、小次郎負けたり、の一語は争われぬ事実であるが、そのことばはいかなる場合に発せられたかということが分明ならぬので、鞘を水中に投げたとの風説が起こったか、記者がそうつくりだしたかであろう。

私は小次郎が（武蔵の）遅参をなじったときと推定して疑わぬ。この推定は武蔵が常に敵にたいするとき使用せし方法、すなわちかの慣家法からきたのである。

私が述べたとおり、小次郎が武蔵の遅参をなじったとき、武蔵はそれには答えず、笑いながら、「こんにちの試合は貴殿の負けでござるぞ」と、いった。

ことばは丁寧で、また、諧謔《かいぎゃく》（おもしろい冗談）のようにも聞こえるが、その真意は、そうあわてると試合は負けだぞ、というので、小次郎は腸をえぐられたような大打撃を受けた。このへんは注意して見ねばならぬところである。

突然、負けたり、といっても、そのことばは無意味に終わるのではないかとの反駁《はんばく》がでるであろうが、それは素人考えである。なぜかといえば、事実について露骨にいった悪口は、いわれたひとがそのときハッと思う。それで相手にも、なにを、という抗拒心（対抗して防ぐ心）が起こるので、心を攻める効能が薄いものである。事実の形にあらわれないところへ、ふいに一言突っ込まれると、抗拒心の起こるいとまがないので、痛く心を攻められるものである。

心神惑乱武蔵に感情を操られた小次郎の敗北

また、小次郎が初太刀の切っ先が武蔵の抹額の結び目に当たり、二つに切れて落ちたと書いてあるが、これはもっともおかしい。鉢鉄《はちがね》入りはもちろん、武士の抹額はすべて後抹額である。後抹額の結び目が切れるほどなら、武蔵の頭は半分切られておらねばならぬ。

それゆえこの記事は前抹額と見ねばならぬが、前抹額は魚河岸の太助か大工の佐七にかぎっておる。まさか武蔵や小次郎が勇み肌の若衆と一般向こう鉢巻ででかけたとは思われぬ。これも、小次郎を偉く見せて、武蔵をなお偉く見せようとした記者が、向こう見ずに結び目の前後を誤ったと見るよりほかはない。

武蔵はこの試合についても、吉岡清十郎兄弟と試合したときと同様に、相手を怒らせる手段を用いたが、清十郎兄弟よりも強敵と見たものか、怒らせては萎やし、萎やしては怒らせ、再三、翻弄してかれの心神を悩乱せしめた。

その順序は、まず約束の時刻より遅れていって怒らせ、小次郎が遅刻を責めると、それには

取り合わずして、
「こんにちの試合は貴殿の負けでござるぞ」
と、いって怒らせ、小次郎がただちに試合にかからむとするをとどめておいて、検使にあいさつにいってこれを萎やし、小次郎また試合を迫るのを待たせてゆるゆる支度をしてこれを萎やし、いま試合というときに急拵えの粗末な木刀をしめして怒らせた。

こう再三再四怒らせたり萎やしたりすれば、そのひとの心神は異状を生じる。そうなれば、制しやすい。しかし、この手段を行なうには、自分が沈着しておらねばできぬ。武蔵が一種の練心法にこのときよほど円熟していたことがわかる。

元来、木刀のごときは、平生使い慣れたのがあるのに、わざわざ急につくったのは、一は小次郎を怒らせるため、一は勝ったあとに世間の評判をとるためであったと推断するに躊躇せぬ。

また、この試合と木刀があとに（武蔵が）細川家へ抱えられる楔子《せっし》（序幕）になった。つまり、小次郎は犠牲に供せられたと一般である。

小次郎の初太刀はむなしく武蔵の面前に落ちた。その撃ちおろしたとき、武蔵は受けもせず、払いもせず、横へも避けず、後へも開かず、少し左の手を引いて、太刀を斜めにしただけで自若としていたのは、かの敵の太刀先とわが身とのあいだに一寸の間合を見切るという得意の術である。

それゆえ小次郎の太刀を引かせもあえず、後の先を制して打ち倒したのである。ここらが武蔵入神の術であるので、抹額の結び目が切れたなどといっては、武蔵が地下に冷笑しているであろう。

小次郎は武蔵の一撃に遇うて倒れた。このときは心神昏迷したであろうが、武蔵がようすを見ているうちに覚醒した。ふつうの者なら覚醒と同時に、勝てぬまでも奮起して最後の一撃を試みるのであるが、相手が武蔵だからそれはできぬと考え、陽死して武蔵を引きつけたのは、さすがに大勇気のうえに、多少精神の修養もあったことがわかる。

しかし、倒れている者は撃ちにくいことも、陽死ではないかということも、十分武蔵の胸中にあって毫末《ごうまつ》の油断がないから、横に払った一刀も武蔵に間合を見切られてしまった。しかるに、武蔵の袷の裾が切れたなどと書いてあるのは、これもまた、抹額の結び目と一般下手な潤色で、武蔵の真相を没却するといってもよい。

武蔵が一撃ののち、二の太刀をださずにしばらくようすを見ていたことについて、いずれの書にもその理由が書いてない。評論もない。武蔵に小次郎を殺す心のなかったことは、武蔵自身にもいっておるゆえ、小次郎が昏迷より覚醒したときに「まいった」といったなら、武蔵はそのままにするつもりであったろう。

また、小次郎のそばへ寄らむとしたのは、気絶したか否かを見とどけるためで、はたして気絶しておれば、検使にまかせて立ち去る意思であったと思われる。

しかるに、小次郎が陽死して再度の抵抗をなしたるゆえ、二の太刀をくだしたのであろう。もしはじめより殺了するつもりであったならば、初太刀で小次郎が倒れるところを浴びせかけて撃つはずであるが、一撃で手を止めたのは、その意思を推測することができる。しかし、小次郎の気性としては、死すとも「まいった」の一語を発することはできなかったろう。それが小次郎の小次郎たるところである。

武蔵が即日下関を去ったのは、いわゆる君子見レ幾而起者で、かれが従来執るところの避害法である。

要するに、かれは上に驕《おご》り下を憐れむのひと、数奇はそのあまんずるところであった。この稜々たる気骨は、よくその道を高くした。じつにこれ剣道界の奇士、三百年ののち、ひとをして起敬せしむものがある。

拙評、肯綮《こうけい》（急所）に中《あた》らぬものが多かったであろう。ここに諸君のご退屈を謝して、口を閉じます。完結。

読者諸君に申す。

年は取っても口は無事です。なにかまた講話しますが、短いものをたくさんするほうがよいか、長いものを継続するがよいか。ご希望あらばお申し越しありたし。しかし、講話は飽きたということなら、それもまたよろしい。

編著者紹介

堂本昭彦（どうもと・あきひこ）

作家。剣道分野の著作では『鬼伝中倉清烈剣譜』『修道学院の青春』『中山博道有信館』『中山博道剣道口述集』『高野佐三郎剣道遺稿集』『羽賀準一剣道遺稿集』『明治撃剣家風のごとく発す』『明治撃剣家春風館立ち切り誓願』『天馬よ剣道宮崎正裕』など多数。

石神卓馬（いしがみ・たくま）

作家。雑誌連載「聞き書き剣道史」（百六十八回）「剣道歴史紀行」（五十四回）など近代剣道史の発掘と記録に独自の実績を持つ。

水南老人講話《すいなんろうじんこうわ》「宮本武蔵《みやもとむさし》」楠正位と大日本武徳会

2004年6月15日 初版 第一刷発行

編著者 堂本昭彦《どうもとあきひこ》 石神卓馬《いしがみたくま》
発行人 橋本雄一
発行所 株式会社体育とスポーツ出版社
〒101-0054 東京都千代田区神田錦町2－9 大新ビル
TEL 03-3291-0911
FAX 03-3293-7750
振替口座 00100-7-25587
http://www.taiiku-sports.co.jp
印刷所 三美印刷株式会社

落丁・乱丁本はお取り替えいたします。
ISBN4-88458-020-6 C3075 定価はカバーに表示してあります。